文化出版局

Ladyなデニム

香田あおい

Contents
Pattern-1〜5のbasicパターン。それを応用して19作品をご紹介

Pattern-1

Pattern-2

Pattern-3

3a
basic

テーパードパンツ
p.10

3b

セミフレアパンツ
p.26

3c

カーゴパンツ
p.27

Pattern-4

4a
basic

サロペット
p.12

4b

ラップスタイルのエプロン
p.28

4c

ジャンパースカート
p.30

Pattern-5

5a
basic

セミタイトスカート
p.14

5b

マーメードスカート
p.32

5c

10パーツのギャザースカート
p.33

はじめに

私の日々のスタイルはデニムで占めている。
主役に名脇役にと自由自在なところが魅力かな。
夏はTシャツと、冬はカシミアのセーターに合わせて、
ストレートジーンズやペグパンツ、大好きなサロペットを、
それこそとっかえひっかえ、オールシーズン楽しんでいる。

素材としてのデニムは、どのコットンショップでも間違いなく手に入るが、
小物や子どもの服にしか使っていなかったようで、もったいない！
これを大人が着られるクオリティの服にデザインしようと思った。

まず改めて見直した、ストレートジーンズのパターン、
他のパンツパターンとは大きく異なる点がある。
それは脇線がまっすぐで、地の目が通るということ。
デニム生地の「耳」ごと使い、ロールアップしたときに生地の端「耳」を
あえて表に出すところが、気に入っている。
「赤」とか「白」とかあのかわいい耳……
ストレートジーンズからデニムにチャレンジ！
いくらでも既製品を買うことができるものだから、
手作りがおもしろくなるように"エセ"のコインポケットや、
後ろヨークにはステッチを効かせて、手作りできるかぎり本格的な仕様にした。
このパンツは、自分サイズが見つけやすいように、7サイズ展開、
男性用も作ってみてほしい。

サロペットやワンピース、スカートにジャケット、ジレ、コート。
どのデザインも大人がキレイに着こなせる、
そして作りたくなる自慢したくなる。

ただいまソーイング進行中。

香田あおい

Pattern-1

ダーツやタックなしで体にフィットさせる
ジーンズのパターンを応用。
ベーシックなデニムパンツ

ストレートデニムパンツ → p.41

自分で作ることを考えて、ジーンズの
パターン・縫い方から、"いいとこ取り"した
スタンダードなパンツができ上がりました。

1a
basic

Pattern-2

おなじみの"ジージャン"から
インスパイアされたデザイン。
甘さを加えたカジュアルなジャケットに

デニムジャケット → p.48

少し立ち上がった衿、オープンファスナーのあき、
角を丸くしたフラップポケット、ゴツすぎない
ホワイトステッチで、ライトカジュアルなジャケット。

2a

basic

Pattern-3

動きやすいヒップのゆとり、楽々なゴムテープの
ウェストがベース。さまざまなシルエットの
はき心地のいいパンツに展開

テーパードパンツ → p.63

先が細くなるという意味のテーパード。
短めの丈で一年中重宝する
ホワイトデニムパンツを。

3a

basic

Pattern-4

大人も着てみたい、きれいな表情のサロペットは
絶妙なゆとりが決め手。バストラインをカバーしてくれる
胸当てのデザインがうれしい

サロペット → p.68

デザインアクセントになる細めで長い肩ひも、
切替え線を利用した脇ポケット、
デニムを最大限大人モードにしました。

4a

basic

Pattern-5

デニムスカートは、足長に見える人気のフルレングス丈。
大人世代には、また着たくなる懐かしいスカート丈かも。
スリットで足さばきのよさもデザインします

セミタイトスカート → p.74

前と同様に、後ろにも深いスリットが入っているので、
歩きやすさは保証つき。 後ろのパッチポケットは、
ポケット口にデニムの耳をそのまま使っています。

5a
basic

1b ハーフ丈パンツ

ストレートデニムパンツのパターンから、
ロングブーツに合わせたいハーフ丈に。
どこでパターンを切るか、
似合う丈を見つけてください。

→ p.46

ペグパンツ

ひざあたりまではストレートデニムパンツの
程よいゆとりをKEEPして、
裾に向かって細くしたシルエット。
ライトブルーのデニムには、白いステッチで。

→ p.47

2b ジレ

はおるだけで、着こなしに変化がつけられるジレは、
アクセサリーのようなアイテム。
突合せの前あきは、ホックで2か所とめます。
切替え線上にポケットを作りました。

→ p.52

フレアワンピース

ここで使っている4オンスのデニムは
しなやかさのある薄手の素材。控えめな光沢があり、
フレアをきれいに見せてくれます。
スタンドカラーで、きりっと。

→ p.54

2d ドットボタンジャケット

カーディガンのように、
軽くはおれるジャケットは、人気のアイテム。
ぜひ、デニムでフェミニンカジュアルに。
ドットボタンの仕立て、
まだ手にとったことがない人は
一度試してみる価値あり、です。

→ p.57

しずく形のあきがあるシンプルブラウス

リネンデニムの美しい風合いは、
シンプルなデザインにして生かします。
しずくあきの見返しはステッチでとめて、
お手入れしやすく仕立てました。
→ p.62

チャイナボタンのライトジャケット

ジレのパターンと同様に、
前中心を突き合わせて着る軽いジャケット。
人気のチャイナボタン、選ぶのに困ってしまうほど
いろいろな種類のものが出ています。
洗うことを考えて、素材を吟味してください。

→ p.58

2g ロングロングシャツ

シャツ？ワンピース？コート？
いろいろな着方ができる便利なアイテム。
前あきに並べたボタン、仕立てにしりごみしそうですが、
家庭用ミシンについている"ボタンホール機能"を
使えば、きれいにでき上がります。
→ p.60

3b セミフレアパンツ

テーパードパンツのウエスト、
腰回りの着やすさはそのままに、
ひざで少しだけ絞った、足長効果が期待できるパンツ。
しっかりとつけたセンタープレスも、
きれいな表情を作っています。

→ p.66

カーゴパンツ

作業着がルーツのカーゴパンツ、
大きなポケットやゆったりシルエットを、
落ち感がきれいなリネン100％のデニムで、
エレガントなワイドパンツに。

→ p.67

サロペットの股下を切り取るように
アレンジした、エプロン。前パターンの脇に
後ろスカートをつけたラップスタイル。
おしゃれなカフェエプロンのように着こなします。

→ p.72

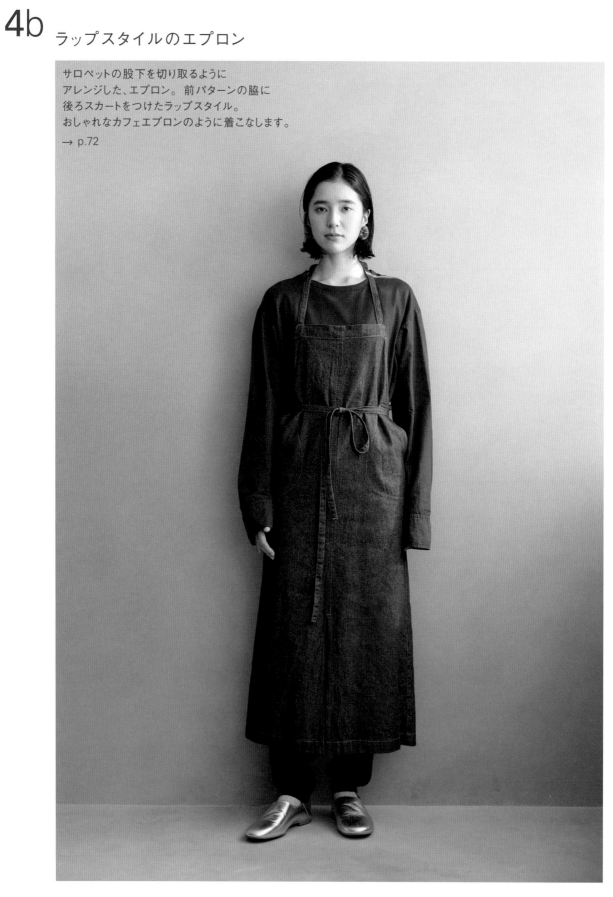

ジャンパースカート

ラップエプロンと同様に、
サロペットの前後パターンの
股下を切り取って応用した、
フェミニンなジャンパースカート。

→ p.71

5b マーメードスカート

ひざくらいまでフィットさせて裾で広がった、
マーメードシルエットのスカート。
デニムの素材感を大切に、ステッチを効かせて
ほどよいフレアを入れました。

→ p.77

10パーツのギャザースカート

5a、5bのイメージを応用して、
別パターンで作るスカートです。
1つのパターンを10枚つなぎ合わせて作ります。
いろいろなデニムをパッチワークのように
つないでもすてき!?
→ p.78

デニムの話

デニムとは

パリッと糊が効いたものから、何度も洗って体になじむようになり、擦り切れてもなお愛用されるデニム。

デニム地は一般的には綾織りで、たて糸にインディゴ染めされた糸を使ったものがブルーデニム、赤や黄色など様々な色に染められたものをカラーデニムといいます。どちらもよこ糸には白い糸が使われ、布地の裏側は白です。

お店で売られる段階で、洗いをかけてソフトになったもの、ストーンウォッシュなどダメージ加工、ストレッチ性のあるもの、レーヨン、ポリエステル、リヨセルなどを混紡してこだわりの風合いを出したものなど、多種あります。きちんと表記されて売られていますので、好きなものを選ぶといいでしょう。

ところで、セルビッチデニムというデニムを知っていますか。旧式の織機で織り上げられた、布幅の狭いデニムで布端には、ほつれ止めの"耳"があり、それが赤だと"赤耳"といわれています。リーバイス501の代名詞といわれるそうです。独特な雰囲気が魅力的なセルビッチデニム、手にとってみてください。

デニムは重さで表記します。その単位は"オンス"です。4〜20オンスがあり、数字が大きいほど重くなります。その中でも、ソーイングにおすすめできるのは、4〜10オンスです。4〜5オンスは薄手ですからシャツやブラウスに、6〜8オンスは少し厚みが出てくるのでボトムスに、10オンスになると厚手になるのでボトムスやジャケットにおすすめです。

デニムを縫うミシンの針　糸　針目

デニムはほとんどが普通〜厚地に分類されるので、普通地または厚地に適したものを選びます。

◎ ミシン針
ミシン針は9〜16番があります。数字が大きくなるほど、厚地用になります。

9　　11　　14　　16 番
薄地 ⟵──────⟶ 厚地

地縫い（中縫い）は11番、ステッチは14〜16番がおすすめです。
※デニムのように厚くてかたい布を縫うと、針先に負担がかかりやすくなるので、針先を触ったときに引っかかりを感じるようであれば、こまめに取り替えるようにしましょう。そのまま縫い続けると折れる原因になります。

◎ 針目
地縫いは2〜2.5mmくらいの針目で。ステッチは2.5〜3.5mmくらいの針目で。どちらも厚地になるほど針目を大きくします。

◎ ミシン糸
丈夫なポリエステルのスパン糸を使います。太さは20〜90番があり、数字が大きくなるほど、細くなります。

20　30　50　60　90 番
太い ⟵──────⟶ 細い

地縫い（中縫い）は60番、ステッチは20〜30番がおすすめです。

◎ ステッチの上糸と下糸
ステッチは上糸、下糸とも30番の糸で、14か16番の針を使ってかけます。20番の糸でぱきっとステッチをきかせたいときは、上糸に20番、下糸には地縫いの60番を使い、表側からかけます。上下とも20番でかけるのは、家庭用のミシンでは糸調子をとりづらいのでおすすめできません。

ステッチをきかせるパッチポケット

好きなデザインで楽しんでください。

7オンス

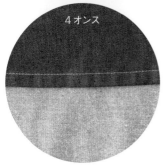

4オンス

● インディゴデニム

10オンス
・デニム入門 レギュラーサイズバッグ

8.5オンス
・2b ジレ
・2f チャイナボタンのライトジャケット

8オンス
・2a デニムジャケット

7オンス
・4a サロペット

5.5オンス
・4b ラップスタイルのエプロン

4オンス
・2c フレアワンピース

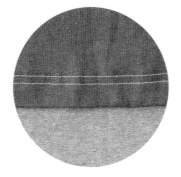

● 10オンスカラーデニム

・1c ペグパンツ
・3a テーパードパンツ
・4c ジャンパースカート
・5a セミタイトスカート
・5b マーメードスカート

● 8オンスインディゴ斜行デニム
（布目が斜行するように織られ、
斜行を味として楽しむ）

・1b ハーフ丈パンツ
・2d ドットボタンジャケット

● ソフトカラーデニム
（コットンにポリエステル、
レーヨン、ポリウレタンを混紡した
柔らかな風合い）

・3b セミフレアパンツ

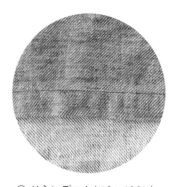

● リネンデニム（リネン100%）

・2e しずく形のあきがある
シンプルブラウス
・3c カーゴパンツ

● 10オンス赤耳セルビッチデニム

・1a ストレートデニムパンツ
・デニム入門 スモールサイズバッグ

● ツイルカラーデニム
（コットン65% ポリエステル35%
混紡、はっきりした綾で
ツイルのようなきれいな発色）

・5c 10パーツのギャザースカート

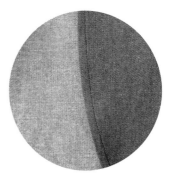

● 5.7オンスリヨセル繊維デニム
（リヨセル65% コットン35%
しなやかでつやがある）

・2g ロングロングシャツ

デニムパンツの前ファスナーあきの作り方

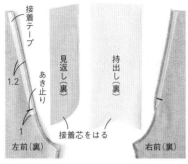

準備

見返し、持出しの裏面に接着芯をはる。左右のファスナーつけ位置に伸止め用の接着テープをはり、左右の股ぐり、股下にロックミシン（またはジグザグミシン）をかける。ただし薄手の布地の場合は、股下にはかけない。

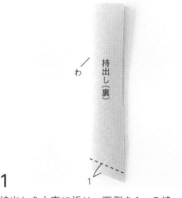

1
持出しを中表に折り、下側を1cmの縫い代で縫う。

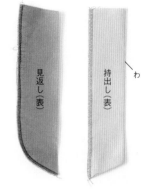

2
持出しを表に返しアイロンで整え、前中心側にロックミシン（またはジグザグミシン）をかける。見返しの外回りにもロックミシンをかける。

3
持出しとファスナー端を写真のように合わせ0.3cmで縫い、ファスナーをつける。

4
左右の前パンツを中表に合わせ、股ぐりをあき止りまで縫う。あき止りは返し縫いをする。

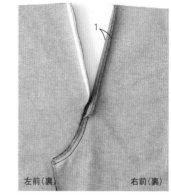

5
左右を開き、右前端のあき止りから上の縫い代を1cmアイロンで折る。

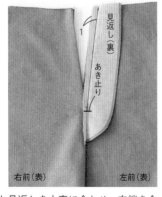

6
左前と見返しを中表に合わせ、布端を合わせて、あき止りまで1cmで縫う。

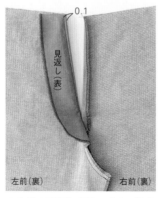

7
見返しを左前の裏面に返し、0.1cm控えてアイロンで整える。

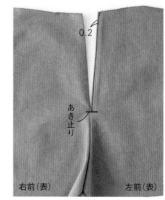

8
左前端にあき止りまで、表から0.2cm幅のステッチをかける。

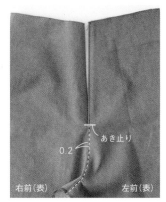

9

股ぐりの縫い代を左前に倒して、あき止りから下にステッチをかける。裏側の見返しはよける。

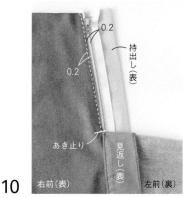

10

3の持出しを右前端の下に当て、ファスナーの務歯を右前端から0.2cm離して、0.2cm幅でステッチをかけ、持出しをつける。

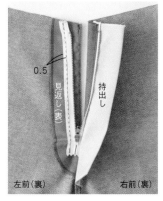

11

持出しに左前を重ねて、出来上りの状態に整え前中心をピンでとめる。左前と持出しをよけて見返しだけにファスナーをしつけでとめる。ピンを外し、ファスナーをあけ、ファスナー端から5mmにミシンをかける。

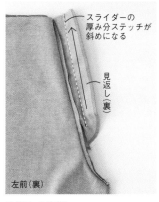

見返しの裏側

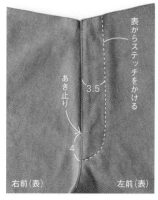

12

持出しをよけて、左前に表から写真の寸法でステッチをかける。

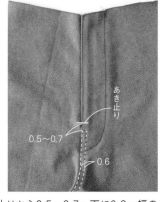

13

あき止りから0.5〜0.7cm下に0.6cm幅のステッチをかける（ファスナーの下どめがあるので縫えるところからでよい）。始めと終りは返しミシンをしっかりかける。

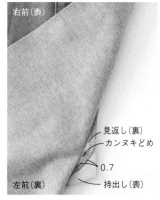

14

左前をめくり、見返しのカーブが始まったあたりのところで、見返しを持出しに縫いとめる。4〜5針、5回くらい重ね縫いをすること（カンヌキどめ）で補強になる。

完成（裏側）

デニム入門

バッグを作ってみよう!

パターンなしで作れる簡単なトートバッグ。
デニムで作品を作る前の小手調べにぴったりです。

| 出来上り寸法 |

レギュラーサイズ…口幅38cm／丈26cm／底のまち幅14cm
スモールサイズ…口幅25cm／丈15.5cm／底のまち幅10cm

| 材 料 |

〈レギュラーサイズ〉
表布　10オンスインディゴデニム…40×85cm
〈スモールサイズ〉
表布　10オンス赤耳セルビッチデニム…35×60cm
ポリエステルミシン糸60番(縫合せ用・布と同じ色)
ポリエステルミシン糸30番(ステッチ用・好みの色)

| 作り方のポイント |

・基本的な縫合せには60番のミシン糸を使います。ミシン
針は11番、針目は普通の大きさ(2.0〜2.2mmぐらい)で。
・ステッチをかけるときはミシンの上糸には30番、下糸に
は60番の糸を使います。ミシン針は16番、針目はやや大き
め(2.4〜2.8mm)で。
・縫う前には試し縫いをしてミシンの糸調子を必ず確認し
ましょう。
・布が何枚も重なって縫いにくい箇所は、ミシンのはずみ車
を手で回して1針ずつゆっくり縫い進めましょう。

| 布の裁ち方 |

〈レギュラーサイズ〉 〈スモールサイズ〉

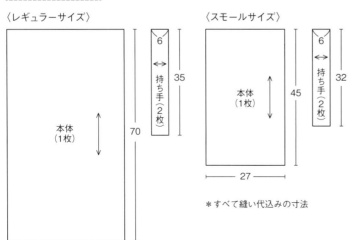

*すべて縫い代込みの寸法

レギュラーサイズの作り方

1

布の裁ち方図の寸法で本体1枚、持ち手2枚を
カットし、本体の両脇にロックミシン(または
ジグザグミシン)をかける。脇に布の耳を使
っている場合はそのまま使用する。

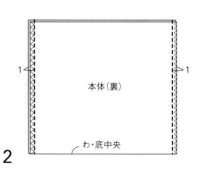

2

本体を中表に折り、両脇を1cmの縫い代で縫
う。糸は60番を使用。

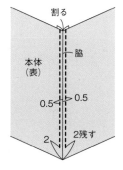

3

脇縫い代を割り、縫い目の両側に表面からステッチをかける。糸は上糸30番、下糸60番。

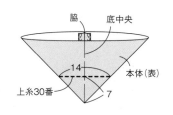

4

底の両脇を図のように外表に三角にたたみ、底中央側からまちを縫う。糸は上糸30番、下糸60番。

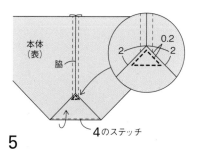

5

底の両端の三角の部分を、4のステッチ位置で脇縫い目側に折り上げ、三角の先端に、三角にステッチをかけてとめる。糸は上糸30番、下糸60番。

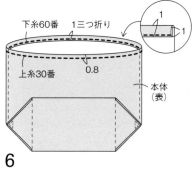

6

本体の上端を1cm幅の三つ折りにし、表面からステッチをかける。糸は上糸30番、下糸60番。

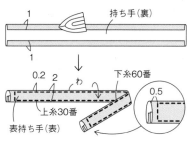

7

持ち手を図のように2cm幅に折り、ステッチをかける。糸は上糸30番、下糸60番。このとき30番の糸が見えるほうを「表持ち手」にする。

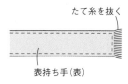

8

持ち手の端が耳の場合はそのまま、端が裁ち目の場合は、7のステッチの際までたて糸を抜いてフリンジにする。持ち手は2本作る。

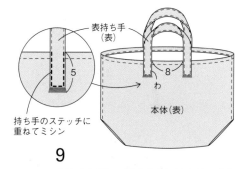

9

本体の上端に、図のように持ち手つけ位置を決めて縫いとめる。このとき持ち手のステッチに重ねてミシンをかける。糸は上糸30番、下糸60番。出来上り。

スモールサイズの作り方

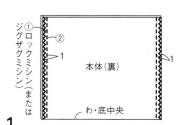

1

本体1枚と持ち手2枚を裁ち方図の寸法で裁ち、レギュラーサイズの1と同様に本体の脇にロックミシンをかけ、中表に折って脇を縫う。糸は60番を使用。

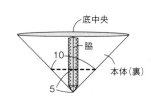

2

脇の縫い代を割り、底の両角を図のように中表に三角にたたんで縫う。糸は60番。

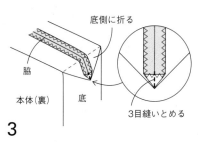

3

底両脇の三角の縫い代を2のミシン目から底側に折り、三角の先端を3〜4目ぐらい、3〜4回重ねて縫ってとめる。糸は60番。

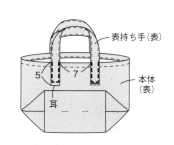

4

レギュラーバッグの6〜9を参照して本体の上端を始末し、持ち手を作ってつける。出来上り。

How to make

パターンの作り方

・作品はすべて付録の実物大パターンを使って作ります。パターンのサイズは
Pattern-1はSS〜4Lの7サイズ、Pattern-2〜5はS〜3Lの5サイズになっています。パンツ、スカートはサイズ表のウエスト、ヒップの寸法に、ジャケット、ワンピース、ブラウスなどはバスト寸法に合わせてサイズを決めます。また作品の出来上り寸法(各作品の作り方ページに表記)も参考にしてください。

・各作品の作り方ページに表記してある必要なパーツを、別紙に写し取ります。写すときはサイズを間違えないように注意して、あき止りやポケットつけ位置、合い印なども忘れずに写します。

・丈が長くて付録の用紙に収まらないパーツは、2つに分けてあります。上下のパーツの合い印を突き合わせて写し、1枚のパターンにします。

・パターンには縫い代が含まれていますので、各サイズの太線は布を裁つ線です。出来上り線は各パーツのいちばん小さいサイズ(SSまたはS)の内側にだけ細い線で入れてあります。SSまたはSサイズ以外の場合は、裁合せ図に示した縫い代寸法も参考にして、必要な部分は出来上り線を書き込んでパターンを作ります。

サイズ表

(単位はcm)

サイズ	SS	S	M	L	2L	3L	4L
バスト		81	85	89	93	97	
ウエスト	58	62	66	70	74	78	82
ヒップ	84	88	92	96	100	104	108
身長				158〜164			

材料について

・材料に表記した布幅と違う布の場合や、パンツ丈を変えた場合は、使用量が増減することがありますので、必ず確認をしてください。

・材料からはミシン糸を省いています。布に合ったミシン糸も用意してください。

布の裁ち方

・裁合せ図を参考に布とパターンの布目線を合わせ、布にパターンを配置して縫い代つきのパターンどおりに裁断します。

・裁合せ図はMサイズで表記しています。サイズが変わるとパターンの配置が変わることもありますので、確認を。

・合い印やあき止りなどは縫い代端に0.3cm程度の切込み(ノッチ)を入れてしるし、ポケットつけ位置はチョークペンシルなどで布の表面にしるしておきます。

・出来上り線の印つけをしないで縫い合わせるときは、ステッチ定規を使ったり、ミシンの針板の目盛りをガイドにするなどして、縫い代幅でミシンをかけます。出来上り線が必要なかたは、布の裏面にところどころチョークペンシルやチョークペーパーで印をつけてもいいでしょう。

→ p.6 ストレートデニムパンツ

出来上り寸法

SS＝ウエスト66.5cm　ヒップ88cm　パンツ丈96cm
S ＝ウエスト70.5cm　ヒップ92cm　パンツ丈97cm
M ＝ウエスト74.5cm　ヒップ96cm　パンツ丈98cm
L ＝ウエスト78.5cm　ヒップ100cm　パンツ丈99cm
2L＝ウエスト82.5cm　ヒップ104cm　パンツ丈100cm
3L＝ウエスト86.5cm　ヒップ108cm　パンツ丈101cm
4L＝ウエスト90.5cm　ヒップ112cm　パンツ丈102cm

パターン（1面）

1前パンツ　1後ろパンツ　1後ろヨーク　1向う布　1袋
布　1後ろポケット　1前あき見返し　1前あき持出し　1
ウエストベルト

材　料

表布　10オンス赤耳セルビッチデニム…74cm幅SS～L3m
／2L・3L3m10cm／4L3m20cm
（110cm幅の場合は2m10cm／145cm幅の場合は1m60cm）
スレキ（袋布用）…SS～2L70×30cm／3L・4L80×30cm
接着芯…30×30cm　接着テープ…1.2cm幅適宜
ファスナー…長さ15cm 1本
タックボタン…直径1.7cm 1組み

作り方のポイント

地縫いにはポリエステルミシン糸60番（ミシン針は11番）
を、ステッチにはポリエステルミシン糸30番（ミシン針は
16番）を使い、ステッチは針目をやや粗く（2.4～2.8mm程度）
します。

下準備

・前あき見返しと前あき持出しの裏面、ウエストベルト裏
面のボタンホール位置に接着芯をはる。
・前パンツ裏面のポケット口と前あきの縫い代に接着テー
プをはる。→図

縫い方順序

1　前パンツにポケットを作る。→図
2　前ファスナーあきを作る。→p.36
3　後ろポケットを作ってつける。→図
4　後ろ股ぐりを縫う。→図
5　後ろヨークをつける。→図
6　股下を縫う。→図
7　脇を縫う。→図
8　ウエストベルトをつける。→図
9　裾の始末をする。→図
10　ボタンホールを作り、タックボタンをつける。→図

〈接着テープのはり方〉

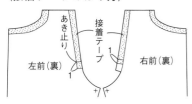

裁合せ図

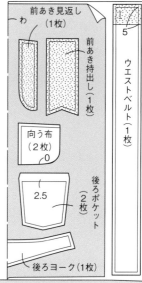

＊指定以外の縫い代は1cm
＊ ▨ 接着芯・接着テープを
　はる位置
＊前あきの接着テープの
　はり方はp.36を参照

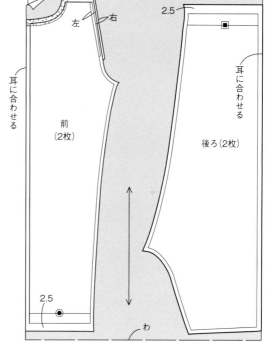

74cm幅

パンツ丈は好みの長さに

1aのストレートパンツの丈は簡単に
変えることができます。身長に合わ
せて、またはロールアップ用に長め
になど、好みに合わせてパンツ丈を
変えて楽しんでください。
パンツ丈を変えるには前パンツ、後
ろパンツとも裾線を平行に上または
下に移動して丈を短く、または長く
します。このとき前と後ろは必ず同
寸法を移動します。

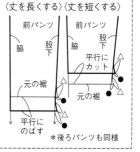

〈丈を長くする〉　〈丈を短くする〉

41

3 後ろポケットを作ってつける

①縫い代を三つ折り

縫い代を半分折る
ポケット口
ポケット（裏）

②ステッチ
ポケット口

0.2
0.2
ポケット（裏）

③縫い代を折る
ポケット（裏）

ポケット（表）
0.6
0.2
④ステッチでとめつける
後ろ（表）

1 前パンツにポケットを作る

向う布（表）
②ロックミシンまたはジグザグミシン
0.5
①右の向う布だけにステッチ

向う布（表）　③ステッチ
④ロックミシン
0.5
袋布（表）
④

わ
袋布（表）
⑤外表に折って縫う

袋布（表）
⑥0.7にカット

袋布（裏）
⑦裏に返してアイロン

袋布（裏）
1
⑧中表に縫う

⑨ポケット口を中表に縫う
⑩縫い代に切込み
袋布（裏）
下の袋布をよける
前（表）

向う布（表）
⑪ポケット口を表に返してアイロン
前（表）

0.2
0.6
⑫ポケット口にステッチ
前（表）

0.8
⑬仮どめミシン
⑬
0.8
前（表）

42

4 後ろ股ぐりを縫う

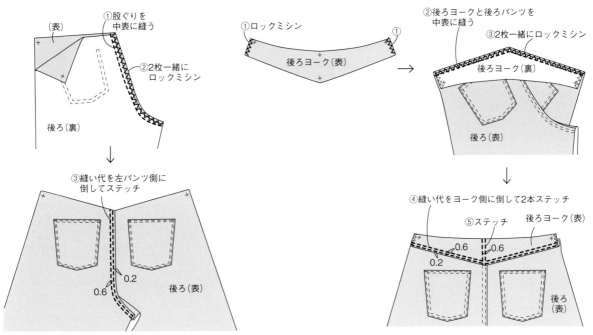

①股ぐりを中表に縫う
（表）
②2枚一緒にロックミシン
後ろ（裏）

③縫い代を左パンツ側に倒してステッチ
0.2
0.6
後ろ（表）

5 後ろヨークをつける

①ロックミシン
後ろヨーク（表）

②後ろヨークと後ろパンツを中表に縫う
③2枚一緒にロックミシン
後ろヨーク（裏）
後ろ（表）

④縫い代をヨーク側に倒して2本ステッチ
⑤ステッチ
後ろヨーク（表）
0.6　0.6
0.2
後ろ（表）

6 股下を縫う

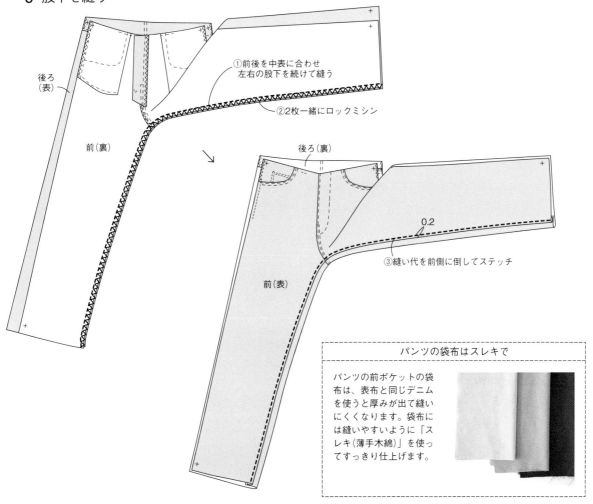

後ろ（表）
前（裏）

①前後を中表に合わせ左右の股下を続けて縫う
②2枚一緒にロックミシン

後ろ（裏）
前（表）
0.2
③縫い代を前側に倒してステッチ

パンツの袋布はスレキで

パンツの前ポケットの袋布は、表布と同じデニムを使うと厚みが出て縫いにくくなります。袋布には縫いやすいように「スレキ（薄手木綿）」を使ってすっきり仕上げます。

7 脇を縫う

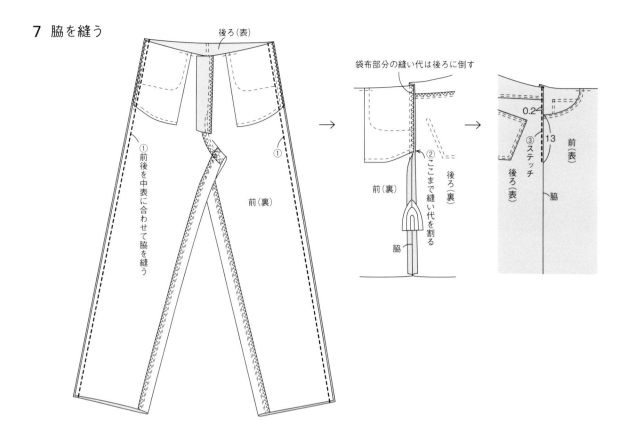

後ろ(表)

① 前後を中表に合わせて脇を縫う

前(裏)

袋布部分の縫い代は後ろに倒す

前(裏)

② ここまで縫い代を割る

後ろ(裏)

脇

0.2

③ステッチ

13

前(表)

後ろ(表)

脇

8 ウエストベルトをつける

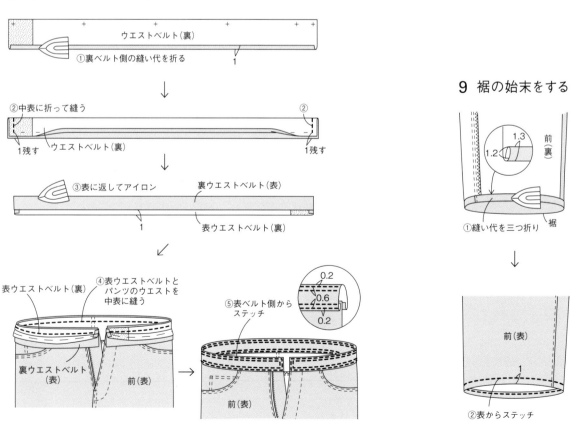

ウエストベルト(裏)

① 裏ベルト側の縫い代を折る

1

② 中表に折って縫う

ウエストベルト(裏)

1残す

1残す

③ 表に返してアイロン

裏ウエストベルト(表)

表ウエストベルト(裏)

1

表ウエストベルト(裏)

④ 表ウエストベルトとパンツのウエストを中表に縫う

裏ウエストベルト(表)

前(表)

⑤ 表ベルト側からステッチ

0.2

0.6

0.2

前(表)

9 裾の始末をする

1.3

1.2

前(裏)

① 縫い代を三つ折り

裾

前(表)

1

② 表からステッチ

10 ボタンホールを作り
タックボタンをつける

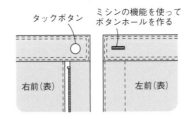

タックボタン

ミシンの機能を使って
ボタンホールを作る

右前（表）　　　左前（表）

〈タックボタンのつけ方〉

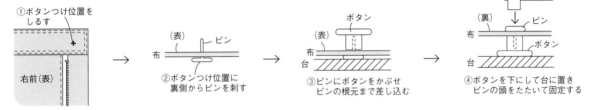

①ボタンつけ位置を
しるす

右前（表）

②ボタンつけ位置に
裏側からピンを刺す

③ピンにボタンをかぶせ
ピンの根元まで差し込む

④ボタンを下にして台に置き
ピンの頭をたたいて固定する

もうひと手間加えてさらにジーンズらしく！

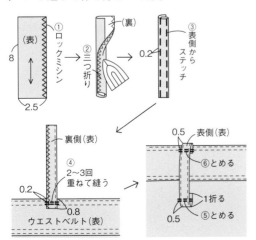

男性もはけるようにベルト通しをつけたり、前ポケット口には補強も兼ねてカシメを打ったり、さらに後ろのウエストに革を縫いつければ市販のジーンズのような仕上りになります。
ベルト通し、カシメ、革の飾りはすべて最後につけ加えます。

◎ ベルト通し
ベルト通しは5本作り、後ろ中心、脇、前中心から5㎝ぐらいの位置に縫いとめる。ミシン糸はポリエステルミシン糸30番で。

◎ カシメ
直径0.9㎝ぐらいのカシメをポケット口の上下につける。つけ方はまずつけ位置に目打ちで穴をあけ、裏からカシメの足側パーツを差し込み、表面からカシメの頭側のパーツを足にかぶせ、打ち具を当ててかなづちでたたいて固定する。

◎ 革の飾り
薄手の革を6×4㎝にカットし、裁切りのまま、後ろウエストの右脇側にミシンで縫いとめる。ミシン糸はポリエステルミシン糸30番で。

〈ベルト通しの作り方とつけ方〉

〈ベルト通し・カシメ・革のつけ位置〉

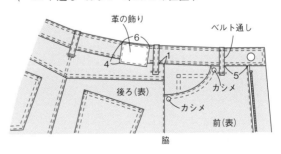

1b
→ p.16 ハーフ丈パンツ

→ p.16

出来上り寸法

SS ＝ ウエスト66.5cm　ヒップ88cm　パンツ丈48cm
S ＝ ウエスト70.5cm　ヒップ92cm　パンツ丈48.5cm
M ＝ ウエスト74.5cm　ヒップ96cm　パンツ丈49cm
L ＝ ウエスト78.5cm　ヒップ100cm　パンツ丈49.5cm
2L ＝ ウエスト82.5cm　ヒップ104cm　パンツ丈50cm
3L ＝ ウエスト86.5cm　ヒップ108cm　パンツ丈50.5cm
4L ＝ ウエスト90.5cm　ヒップ112cm　パンツ丈51cm

パターン（1面）

1前パンツ　1後ろパンツ　1後ろヨーク　1向う布　1袋布　1後ろポケット　1前あき見返し　1前あき持出し　1ウエストベルト

材料

表布　8オンス斜行デニム…155cm幅SS〜L90cm／2L・3L1m／4L1m10cm（110cm幅の場合は1m20cm）
スレキ（袋布用）…SS〜2L70×30cm／3L・4L80×30cm
接着芯…30×30cm
接着テープ…1.2cm幅適宜
ファスナー…長さ15cm 1本
かぎホック（ダブルピンタイプ）…1組み

作り方のポイント

地縫いにはポリエステルミシン糸60番（ミシン針は11番）を、ステッチにはポリエステルミシン糸30番（ミシン針は16番）を使い、ステッチは針目をやや粗くします。

下準備

・前あき見返しと前あき持出しの裏面に接着芯をはる。
・前パンツ裏面のポケット口と前あきの縫い代に接着テープをはる。→p.41
・前、後ろパンツの脇縫い代にロックミシン（またはジグザグミシン）をかける。

縫い方順序

1　前パンツにポケットを作る。→p.42
　　ただし向う布に飾りステッチはかけない。
2　前ファスナーあきを作る。→p.36
3　後ろポケットを作ってつける。→p.42
4　後ろ股ぐりを縫う。→p.43
5　後ろヨークをつける。→p.43
6　股下を縫う。→p.43
7　脇を縫う。→p.44
8　ウエストベルトをつける。→p.44
9　裾の始末をする。→図
10　かぎホックをつける。→図

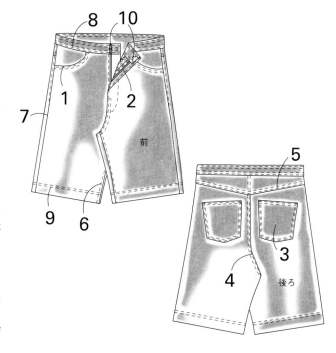

9　裾の始末をする

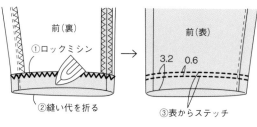

前（裏）
①ロックミシン
②縫い代を折る
前（表）
3.2　0.6
③表からステッチ

10　かぎホックをつける

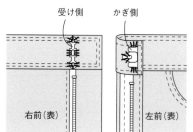

受け側　かぎ側
右前（表）　左前（表）

裁合せ図

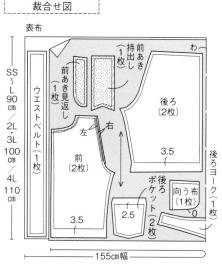

表布

わ
SS
〜
L
90
cm
／
2L・
3L
100
cm
／
4L
110
cm

ウエストベルト（1枚）
前あき持出し（1枚）
前あき見返し（1枚）
前あき（1枚）
左　右
後ろ（2枚）
3.5
前（2枚）
3.5
ポケット 2.5
向う布（1枚）
後ろポケット（2枚）
後ろヨーク（1枚）
0

← 155cm幅 →

スレキ

わ
30cm
袋布（2枚）

SS〜2L70cm
3L・4L80cm

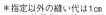

＊指定以外の縫い代は1cm
＊▨ 接着芯・接着テープをはる位置
　前あきの接着テープのはり方はp.41を参照

→ p.17 　ペグパンツ

出来上り寸法

SS＝ウエスト66.5cm　ヒップ88cm　パンツ丈92cm
S ＝ウエスト70.5cm　ヒップ92cm　パンツ丈93cm
M ＝ウエスト74.5cm　ヒップ96cm　パンツ丈94cm
L ＝ウエスト78.5cm　ヒップ100cm　パンツ丈95cm
2L＝ウエスト82.5cm　ヒップ104cm　パンツ丈96cm
3L＝ウエスト86.5cm　ヒップ108cm　パンツ丈97cm
4L＝ウエスト90.5cm　ヒップ112cm　パンツ丈98cm

パターン（1面）

1前パンツ　1後ろパンツ　1後ろヨーク　1向う布　1袋
布　1後ろポケット　1前あき見返し　1前あき持出し　1
ウエストベルト

材　料

表布　10オンスカラーデニム…112cm幅SS〜L2m／2L・
3L2m10cm／4L2m20cm
（145cm幅の場合は1m70cm）
スレキ（袋布用）…SS〜2L70×30cm／3L・4L80×30cm
接着芯…30×30cm　接着テープ…1.2cm幅適宜
ファスナー…長さ15cm 1本
タックボタン…直径1.7cm 1組み

作り方のポイント

地縫いにはポリエステルミシン糸60番（ミシン針は11番）
を、ステッチにはポリエステルミシン糸30番（ミシン針は
16番）を使い、ステッチは針目をやや粗くします。

下準備

・前あき見返しと前あき持出しの裏面、ウ
エストベルト裏面のボタンホール位置に接
着芯をはる。
・前パンツ裏面のポケット口と前あきの縫
い代に接着テープをはる。→p.41
・前、後ろパンツの脇縫い代に、ロックミシ
ン（またはジグザグミシン）をかける。

縫い方順序

1　前パンツにポケットを作る。
　　→p.42
2　前ファスナーあきを作る。
　　→p.36
3　後ろポケットを作ってつける。
　　→p.42
4　後ろ股ぐりを縫う。→p.43
5　後ろヨークをつける。→p.43
6　股下を縫う。→p.43
7　脇を縫う。→p.44
8　ウエストベルトをつける。
　　→p.44
9　裾の始末をする。→p.44
10　ボタンホールを作り、
　　タックボタンをつける。→p.45

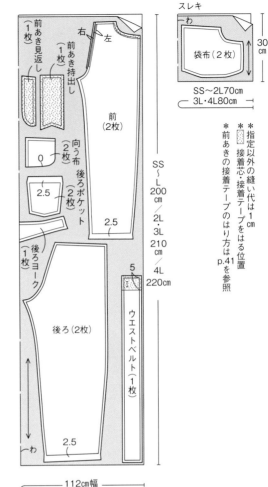

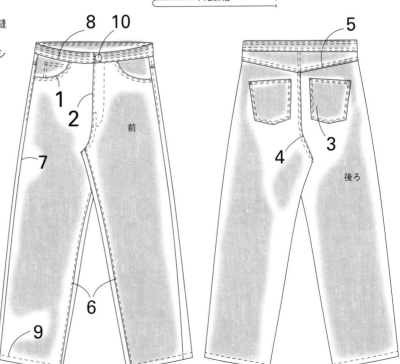

2a
basic →p.8 **デニムジャケット**

[出来上り寸法]

S ＝バスト99cm　着丈53.5cm　袖丈52.5cm
M ＝バスト103cm　着丈54.5cm　袖丈52.8cm
L ＝バスト107cm　着丈55.5cm　袖丈53.1cm
2L＝バスト111cm　着丈56.5cm　袖丈53.4cm
3L＝バスト115cm　着丈57.5cm　袖丈53.7cm

[パターン(1、2面)]

2前身頃　2後ろ身頃　2後ろヨーク　2袖　2前見返し　2
カフス　2表衿　2裏衿　2ポケット　2フラップ

[材　料]

表布　8オンスインディゴデニム…133cm幅1m60cm
(110cm幅の場合は2m20cm)
接着芯…90cm幅65cm
オープンファスナー…S44cm／M45cm／L46cm／2L47cm
／3L48cm

[作り方のポイント]

地縫いにはポリエステルミシン糸60番(ミシン針11番)を、
ステッチにはポリエステルミシン糸30番(ミシン針16番)
を使い、ステッチは針目をやや粗くします。

[下準備]

・前見返し、裏衿の裏面に接着芯をはる。
・前身頃と後ろ身頃の裾、前見返しの外回り、袖下の縫い代
にロックミシン(またはジグザグミシン)をかける。

[縫い方順序]

1　ポケットを作ってつける。→図
2　後ろ身頃と後ろヨークを縫い合わせる。→図
3　肩を縫う。→図
4　衿をつける。→図
5　前端〜衿外回りを縫う。→図
6　脇を縫う。→図
7　裾の始末をする。→図
8　袖下を縫う。→図
9　カフスを作ってつける。→図
10　袖をつける。→図

[裁合せ図]

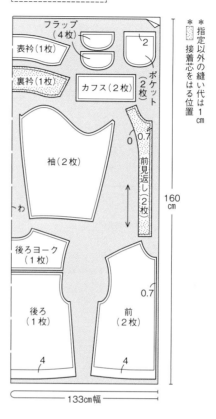

＊指定以外の縫い代は1cm
＊ 接着芯をはる位置

フラップ(4枚)
表衿(1枚)
裏衿(1枚)
カフス(2枚)
2
ポケット(2枚)
前見返し(2枚)
0.7
0
袖(2枚)
〜わ
後ろヨーク(1枚)
後ろ(1枚)
前(2枚)
0.7
4
4
160cm
133cm幅

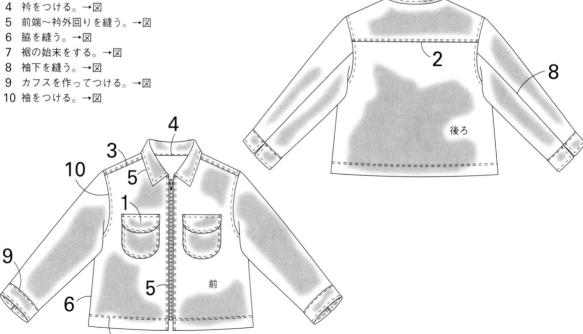

48

1 ポケットを作ってつける

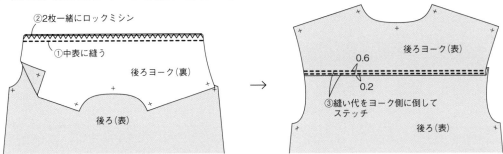

①2枚を中表に縫う → ②カーブの縫い代をカット → ③表に返してアイロン → ④ステッチ / フラップ(表) 0.6 0.2 → ⑤三つ折りにしてステッチ 1 0.2 / フラップ(表) / ポケット(裏) / ⑥粗い針目でミシン 0.8 → ポケット(裏) 1 / ⑦粗ミシンの糸を引いてカーブを整えながら縫い代を折る

フラップ(裏) / フラップ(表)

前(表) / ポケット(表) 0.2 0.6 / ⑧ステッチ → ⑨フラップ位置を縫う / 裏フラップ(表) / 前(表) → ⑩ステッチ 0.8 / 前(表) / 表フラップ(表)

2 後ろ身頃と後ろヨークを縫い合わせる

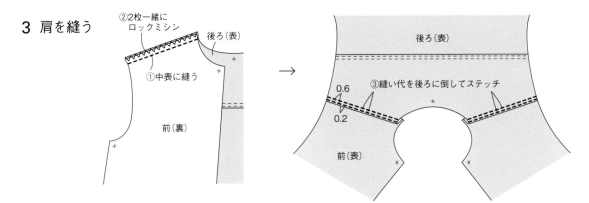

②2枚一緒にロックミシン / ①中表に縫う / 後ろヨーク(裏) / 後ろ(表) → 後ろヨーク(表) 0.6 0.2 / ③縫い代をヨーク側に倒してステッチ / 後ろ(表)

3 肩を縫う

②2枚一緒にロックミシン / 後ろ(表) / ①中表に縫う / 前(裏) → 後ろ(表) / ③縫い代を後ろに倒してステッチ 0.6 0.2 / 前(表)

4 衿をつける

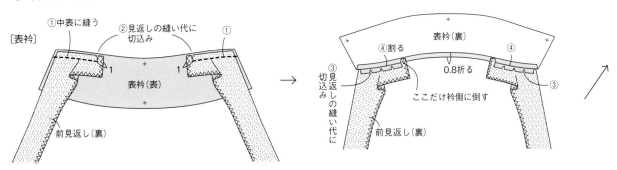

[表衿] / ①中表に縫う / ②見返しの縫い代に切込み 1 1 ① / 表衿(表) / 前見返し(裏) → 表衿(裏) / ④割る / 0.8折る / ④ / ③見返しの縫い代に切込み / ここだけ衿側に倒す / 前見返し(裏) / ③

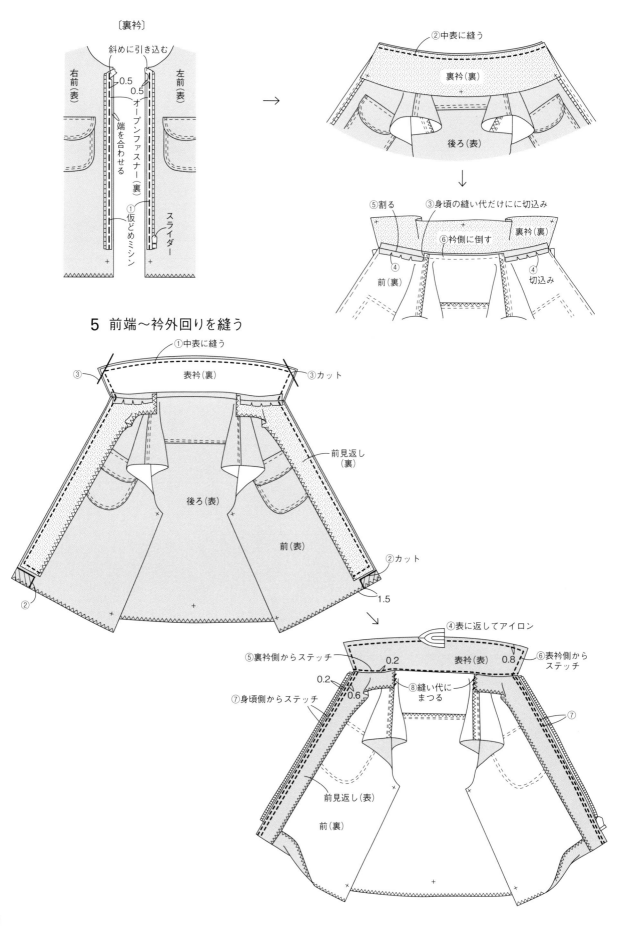

〔裏衿〕

斜めに引き込む

右前〔表〕

左前〔表〕

0.5　0.5

端を合わせる

オープンファスナー〔裏〕

①仮どめミシン

スライダー

②中表に縫う

裏衿〔裏〕

後ろ〔表〕

→

⑤割る　③身頃の縫い代だけにに切込み

裏衿〔裏〕

④　前〔裏〕

⑥衿側に倒す

④　切込み

5 前端〜衿外回りを縫う

①中表に縫う

③　表衿〔裏〕　③カット

前見返し〔裏〕

後ろ〔表〕

前〔表〕

②　②カット

1.5

↓

④表に返してアイロン

⑤裏衿側からステッチ　0.2　表衿〔表〕　0.8　⑥表衿側からステッチ

0.2

⑦身頃側からステッチ　0.6　⑧縫い代にまつる

⑦

前見返し〔表〕

前〔裏〕

6 脇を縫う

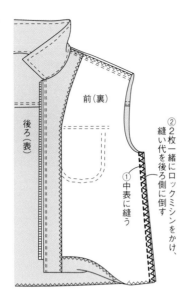

前（裏）

後ろ（表）

① 中表に縫う

② 2枚一緒にロックミシンをかけ、縫い代を後ろ側に倒す

7 裾の始末をする

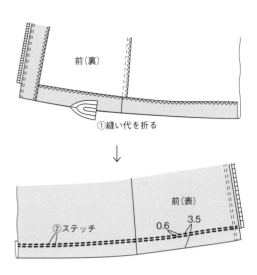

前（裏）

① 縫い代を折る

↓

② ステッチ　前（表）　0.6　3.5

8 袖下を縫う

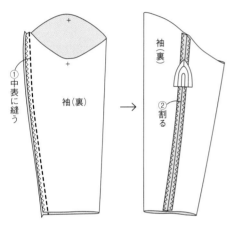

① 中表に縫う

袖（裏）

→

袖（裏）

② 割る

9 カフスを作ってつける

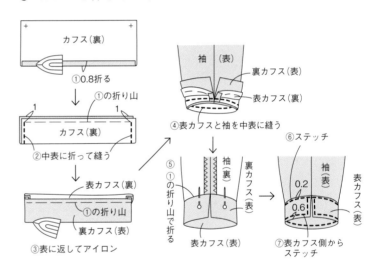

カフス（裏）

① 0.8折る

↓

① の折り山

カフス（裏）

1　1

② 中表に折って縫う

↓

表カフス（裏）

① の折り山

裏カフス（表）

③ 表に返してアイロン

袖（表）

裏カフス（表）

表カフス（裏）

④ 表カフスと袖を中表に縫う

⑤ ① の折り山で折る

袖（裏）

裏カフス（表）

表カフス（表）

⑥ ステッチ

0.2

0.6

袖（表）

表カフス（表）

⑦ 表カフス側からステッチ

10 袖をつける

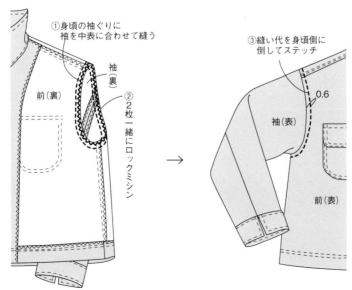

① 身頃の袖ぐりに袖を中表に合わせて縫う

袖（裏）

前（裏）

② 2枚一緒にロックミシン

→

③ 縫い代を身頃側に倒してステッチ

0.6

袖（表）

前（表）

2b

→ p.18 ジレ

出来上り寸法

S ＝バスト99㎝　着丈83㎝
M ＝バスト103㎝　着丈84.5㎝
L ＝バスト107㎝　着丈86㎝
2L ＝バスト111㎝　着丈87.5㎝
3L ＝バスト115㎝　着丈89㎝

パターン（2面）

2前身頃　2前下身頃　2後ろ身頃　2後ろ下身頃　2前衿
ぐり見返し　2後ろ衿ぐり見返し　2袋布

※袖ぐり用バイアス布はパターンを作らずに、裁合せ図の寸法で直接
布を裁つ。

材　料

表布　8.5オンスインディゴブリーチデニム…144㎝幅S
～L1m10㎝／2L・3L1m20㎝（110㎝幅の場合は2m10㎝）
別布　ストライプの薄手木綿…45×45㎝
スレキ…35×20㎝
接着芯…90㎝幅55㎝
接着テープ…1.2㎝幅30㎝
スプリングホック…大2組み

作り方のポイント

地縫いにはポリエステルミシン糸60番（ミシン針11番）を、
ステッチにはポリエステルミシン糸30番（ミシン針16番）
を使い、ステッチは針目をやや粗くします。

下準備

・前身頃と前下身頃の前端縫い代、各見返しの裏面に接着
芯をはる。
・前下身頃裏面のポケット口縫い代に接着テープをはる。
・後ろ身頃の肩、前身頃の肩と前端とウエスト、前下身頃の
前端とウエストの縫い代、各見返しの外回り、袋布周囲の縫
い代にロックミシン（またはジグザグミシン）をかける。

縫い方順序

1　前身頃の上下を縫い合わせ、ポケットを作る。
　　→図
2　後ろ身頃の上下を縫い合わせる。→p.59
3　肩を縫う。縫い代は割る。
4　衿ぐりを縫う。→図
5　裾の始末をして前端、
　　衿ぐりにステッチをかける。→図
6　袖ぐりを縫う。→図
7　脇を縫い、スリットの始末をする。→p.59
8　前端にスプリングホックをつける。
　　かぎ側は右前身頃の内側に、
　　受け側は左前身頃の内側につける。

裁合せ図

表布

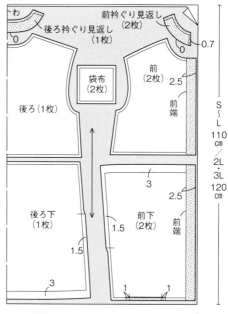

別布

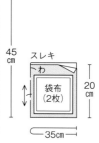

＊指定以外の縫い代は1㎝
＊ ▨ 接着芯・接着テープをはる位置

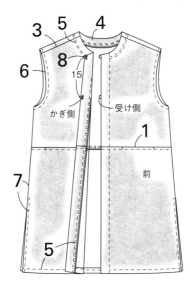

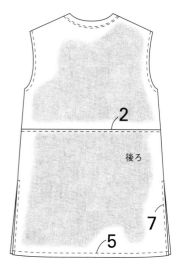

52

1 前身頃の上下を縫い合わせ、ポケットを作る

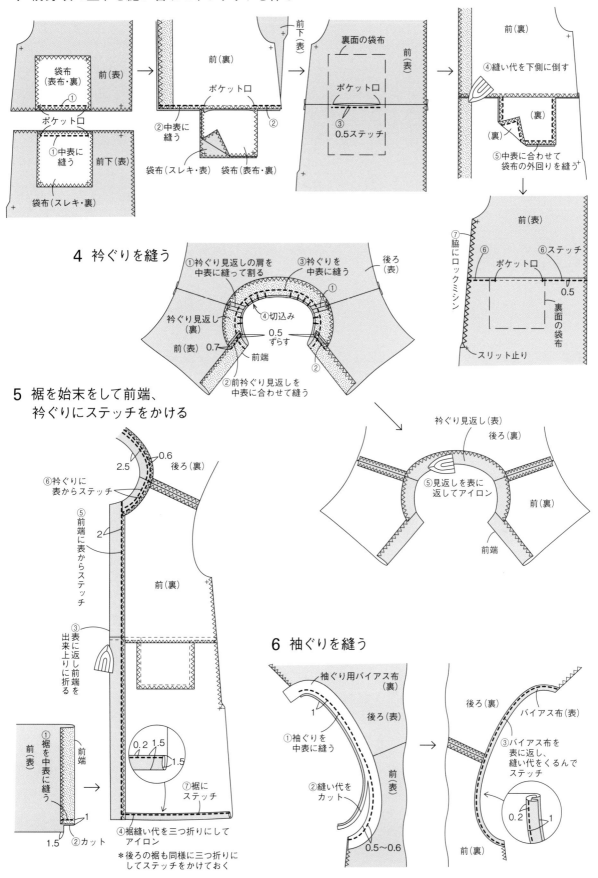

袋布（表布・裏）
前（表）
①
ポケット口

①中表に縫う
前下（表）
袋布（スレキ・裏）

前下（表）
②中表に縫う
ポケット口
袋布（スレキ・表）　袋布（表布・裏）
②
前（裏）

前下（表）
裏面の袋布
前（表）
ポケット口
③0.5ステッチ

④縫い代を下側に倒す
前（裏）
（裏）
（裏）
⑤中表に合わせて袋布の外回りを縫う

前（表）
⑦脇にロックミシン
⑥
⑥ステッチ
ポケット口
0.5
裏面の袋布
スリット止り

4 衿ぐりを縫う

①衿ぐり見返しの肩を中表に縫って割る
③衿ぐりを中表に縫う
①
後ろ（表）
衿ぐり見返し（裏）
④切込み
前（表）　0.7
0.5ずらす
前端
②前衿ぐり見返しを中表に合わせて縫う
②

衿ぐり見返し（表）
後ろ（裏）
⑤見返しを表に返してアイロン
前（裏）
前端

5 裾を始末をして前端、衿ぐりにステッチをかける

2.5　0.6
後ろ（裏）
⑥衿ぐりに表からステッチ
⑤前端に表からステッチ
2
③表に返し前端を出来上りに折る
前（裏）

①裾を中表に縫う
前（表）
前端
0.2　1.5
1.5
⑦裾にステッチ
②カット
1.5
1
④裾縫い代を三つ折りにしてアイロン
＊後ろの裾も同様に三つ折りにしてステッチをかけておく

6 袖ぐりを縫う

袖ぐり用バイアス布（裏）
1
後ろ（表）
①袖ぐりを中表に縫う
②縫い代をカット
前（表）
0.5〜0.6

後ろ（裏）
バイアス布（表）
③バイアス布を表に返し、縫い代をくるんでステッチ
0.2　1
前（裏）

2c

→ p.19 フレアワンピース

[出来上り寸法]

S ＝バスト99cm　着丈114.5cm　袖丈51.7cm
M ＝バスト103cm　着丈116cm　　袖丈52cm
L ＝バスト107cm　着丈117.5cm　袖丈52.3cm
2L＝バスト110cm　着丈119cm　　袖丈52.6cm
3L＝バスト115cm　着丈120.5cm　袖丈52.9cm

[縫い方順序]

1　前端を縫う。→図
2　後ろ身頃と後ろヨークを縫い合わせる。→p.49
　　ただしステッチは1本だけかける。
3　肩を縫う。→p.49　ただしステッチは1本だけかける。
4　衿を作る。→図
5　衿をつける。→図
6　袖口に短冊あきを作る。→図
7　袖をつける。→図
8　袖下～脇を続けて縫う。→図
9　カフスを作ってつける。→p.51　ただしステッチは0.2cm幅でかける。
10　右前中心、カフスにボタンホールを作る。
　　前中心のボタンホールは縦穴にする。
11　スカートの脇を縫う。→図
12　裾の始末をする。→図
13　身頃とスカートを縫い合わせる。→図
14　左前中心とカフスにボタンをつける。

[パターン（2面）]

2前身頃　2後ろ身頃　2後ろヨーク　2前スカート　2後ろスカート　2スタンドカラー　2シャツ袖　2シャツ袖カフス　2袖口短冊　2袖口持出し

[材　料]

表布　4オンスインディゴデニム…140cm幅S～L2m50cm／2L・3L2m60cm（140cm幅以下の布地では作れません）
接着芯…90cm幅65cm
ボタン…直径1.2cm 8個

[下準備]

スタンドカラー、シャツ袖カフス、袖口短冊、前端縫い代裏面に接着芯をはる。

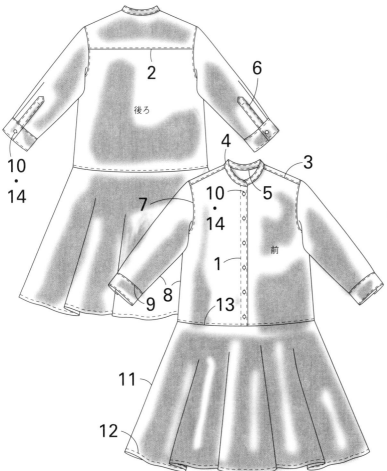

[裁合せ図]

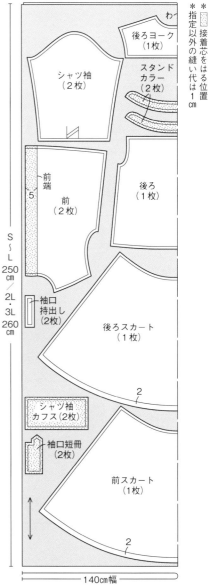

＊＊指定以外の縫い代は1cm　接着芯をはる位置

S～L 250cm
2L・3L 260cm

後ろヨーク（1枚）
シャツ袖（2枚）
スタンドカラー（2枚）
前端
前（2枚）
後ろ（1枚）
袖口持出し（2枚）
後ろスカート（1枚）
シャツ袖カフス（2枚）
袖口短冊（2枚）
前スカート（1枚）

140cm幅

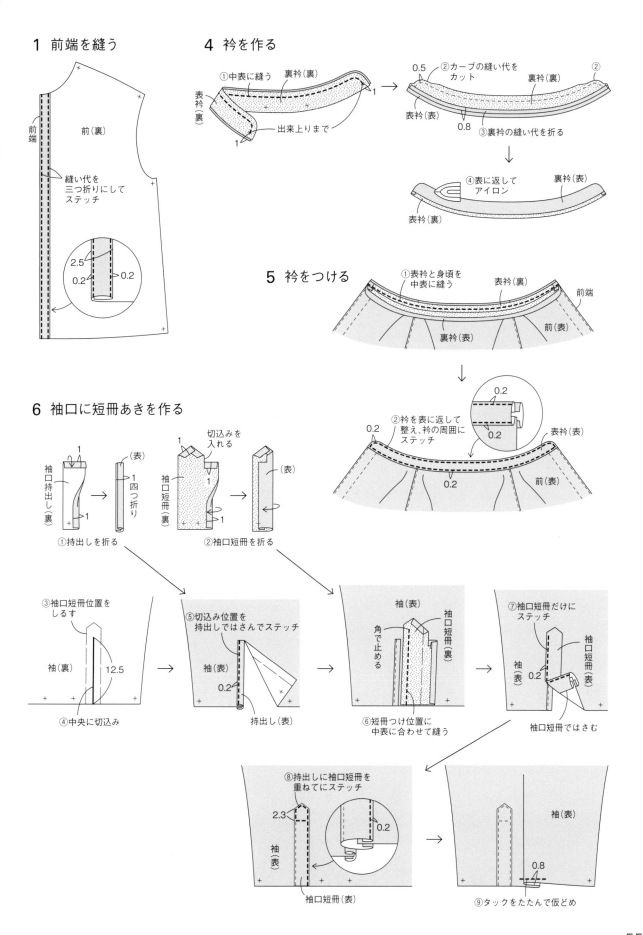

1 前端を縫う

前端

前（裏）

縫い代を
三つ折りにして
ステッチ

2.5
0.2
0.2

4 衿を作る

①中表に縫う
裏衿（裏）
表衿（裏）
出来上りまで
1
1

0.5
②カーブの縫い代を
カット
裏衿（裏）
②
表衿（表）
0.8
③裏衿の縫い代を折る

④表に返して
アイロン
裏衿（表）
表衿（裏）

5 衿をつける

①表衿と身頃を
中表に縫う
表衿（裏）
前端
裏衿（表）

②衿を表に返して
整え、衿の周囲に
ステッチ
0.2
0.2
0.2
0.2
表衿（表）
0.2
前（表）

6 袖口に短冊あきを作る

1
1
袖口持出し（裏）
1
四つ折り
（表）
①持出しを折る

切込みを
入れる
1
1
袖口短冊（裏）
1
（表）
②袖口短冊を折る

③袖口短冊位置を
しるす
袖（裏）
12.5
④中央に切込み

⑤切込み位置を
持出しではさんでステッチ
袖（表）
0.2
持出し（表）

袖（表）
角で
止める
袖口短冊（裏）
⑥短冊つけ位置に
中表に合わせて縫う

⑦袖口短冊だけに
ステッチ
袖（表）
0.2
袖口短冊（表）
袖口短冊ではさむ

⑧持出しに袖口短冊を
重ねてにステッチ
2.3
0.2
袖（表）
袖口短冊（表）

袖（表）
0.8
⑨タックをたたんで仮どめ

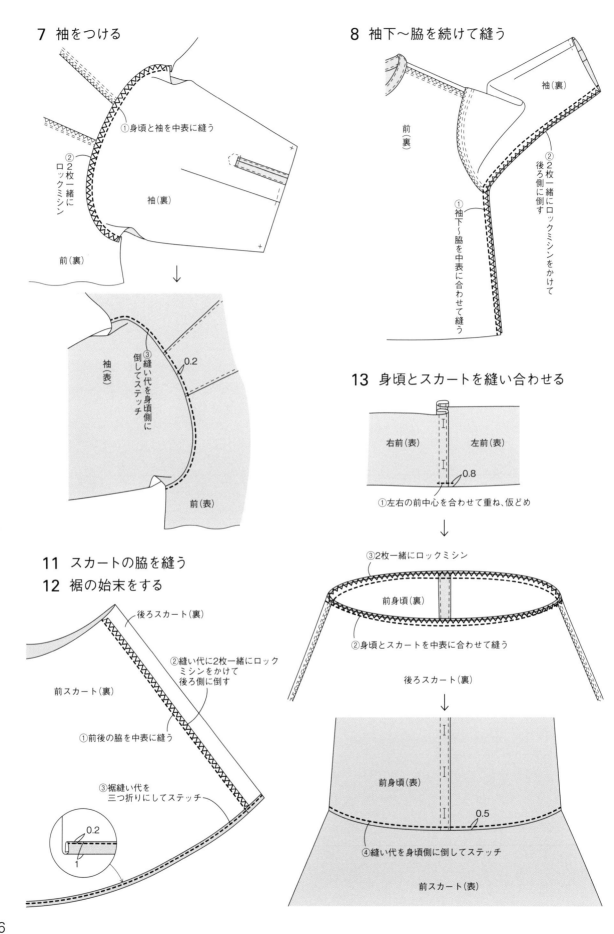

7　袖をつける

①身頃と袖を中表に縫う

②2枚一緒にロックミシン

袖（裏）

前（裏）

③縫い代を身頃側に倒してステッチ

0.2

袖（表）

前（表）

8　袖下～脇を続けて縫う

前（裏）

袖（裏）

①袖下～脇を中表に合わせて縫う

②2枚一緒にロックミシンをかけて後ろ側に倒す

11　スカートの脇を縫う

12　裾の始末をする

後ろスカート（裏）

前スカート（裏）

②縫い代に2枚一緒にロックミシンをかけて後ろ側に倒す

①前後の脇を中表に縫う

③裾縫い代を三つ折りにしてステッチ

0.2

1

13　身頃とスカートを縫い合わせる

右前（表）　　　左前（表）

0.8

①左右の前中心を合わせて重ね、仮どめ

③2枚一緒にロックミシン

前身頃（裏）

②身頃とスカートを中表に合わせて縫う

後ろスカート（裏）

前身頃（表）

0.5

④縫い代を身頃側に倒してステッチ

前スカート（表）

→ p.20 ドットボタンジャケット

出来上り寸法

S ＝バスト99cm　着丈52.5cm　袖丈52.5cm
M ＝バスト103cm　着丈53.5cm　袖丈52.8cm
L ＝バスト107cm　着丈54.5cm　袖丈53.1cm
2L ＝バスト111cm　着丈55.5cm　袖丈53.4cm
3L ＝バスト115cm　着丈56.5cm　袖丈53.7cm

パターン（1、2面）

2前身頃　2後ろ身頃　2袖　2衿ぐりパイピング布　2袖
口パイピング布

材　料

表布　8オンス斜行デニム…155cm幅1m30cm
（110cm幅の場合は2m）
ドットボタン…直径1.3cm 11組み

作り方のポイント

地縫いにはポリエステルミシン糸60番（ミシン針11番）を、
ステッチにはポリエステルミシン糸30番（ミシン針16番）
を使い、ステッチは針目をやや粗くします。

下準備

袖下縫い代にロックミシン（またはジグザグミシン）をかける。

縫い方順序

1 前端を縫う。→図
2 肩を縫う。→p.49
　　ただしステッチは0.7cm幅を1本かける。
3 衿ぐりにパイピングをする。→p.59
4 脇を縫う。→p.51
5 裾の始末をする。裾縫い代を2cm幅の三つ折りにして
　ステッチをかける。
6 袖下を縫う。→p.51
7 袖口にパイピングをする。袖口パイピング布の両端を
　中表に縫って輪にし、衿ぐりのパイピングと同じ要領で
　袖口につける。
8 袖をつける。→p.51
9 ドットボタンをつける。右前中心に凹ドットボタンを、
　左前中心に凸ドットボタンをつける。

裁合せ図

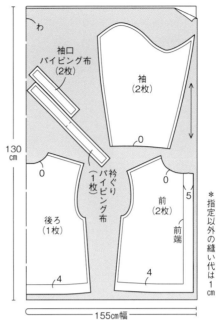

1 前端を縫う

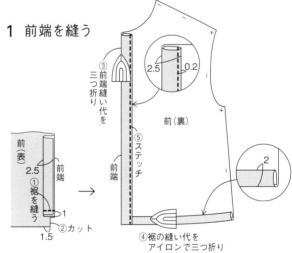

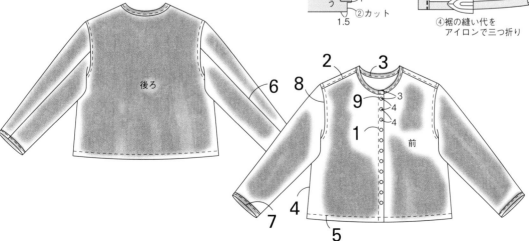

→ p.23　チャイナボタンのライトジャケット

――― 出来上り寸法 ―――

S ＝バスト99cm　着丈83cm　袖丈52.5cm
M ＝バスト103cm　着丈84.5cm　袖丈52.8cm
L ＝バスト107cm　着丈86cm　袖丈53.1cm
2L ＝バスト111cm　着丈87.5cm　袖丈53.4cm
3L ＝バスト115cm　着丈89cm　袖丈53.7cm

――― パターン（1、2面）―――

2前身頃　2前下身頃　2後ろ身頃　2後ろ下身頃　2袖　2
衿ぐりパイピング布　2袋布

――― 材　料 ―――

表布　8.5オンスインディゴデニム…144cm幅S～L1m60
cm／2L・3L1m70cm（110cm幅の場合は2m70cm）
スレキ…35×20cm
接着芯…20×55cm
接着テープ…1.2cm幅30cm
チャイナボタン…3組み

――― 作り方のポイント ―――

地縫いにはポリエステルミシン糸60番（ミシン針11番）を、
ステッチにはポリエステルミシン糸30番（ミシン針16番）
を使い、ステッチは針目をやや粗くします。

――― 下準備 ―――

・前身頃と前下身頃の裏面の前端縫い代に接着芯をはる。
・前下身頃裏面のポケット口縫い代に接着テープをはる。
・後ろ身頃の肩、前身頃の肩と前端とウエスト、前下身頃の
前端とウエスト、袖下、袋布周囲の縫い代にロックミシン
（またはジグザグミシン）をかける。

――― 縫い方順序 ―――

1　前身頃の上下を縫い合わせ、ポケットを作る。→p.53
2　後ろ身頃の上下を縫い合わせる。→図
3　前端、裾の始末をする。→図
4　肩を縫う。縫い代は割る。
5　衿ぐりにパイピングをする。→図
6　脇を縫い、スリットの始末をする。→図
7　袖下を縫う。→p.51
8　袖口の始末をする。
　　袖口の縫い代を
　　1.5cm幅の三つ折りにして
　　ステッチをかける。
9　袖をつける。→p.51
10　チャイナボタンを
　　つける。→図

――― 裁合せ図 ―――

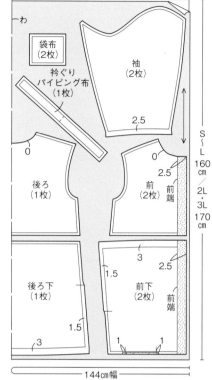

＊指定以外の縫い代は1cm
＊接着芯・接着テープをはる位置

10　チャイナボタンをつける

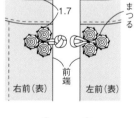

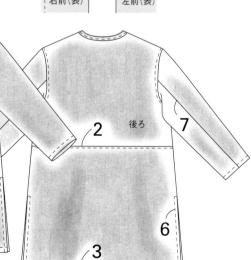

2 後ろ身頃の上下を縫い合わせる

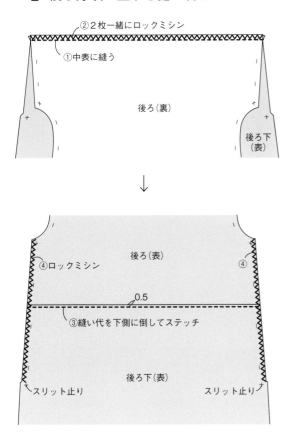

②2枚一緒にロックミシン
①中表に縫う
後ろ(裏)
後ろ下(表)

④ロックミシン
後ろ(表)
④
0.5
③縫い代を下側に倒してステッチ
後ろ下(表)
スリット止り　スリット止り

3 前端、裾の始末をする

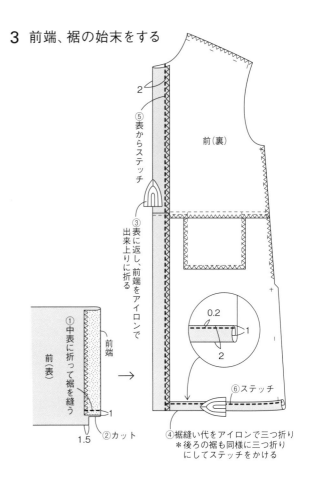

2
⑤表からステッチ
前(裏)
③表に返し、前端をアイロンで出来上りに折る
①中表に折って裾を縫う
前(表)
前端
1.5　②カット　1
0.2
1　2
⑥ステッチ
④裾縫い代をアイロンで三つ折り
＊後ろの裾も同様に三つ折りにしてステッチをかける

5 衿ぐりにパイピングをする

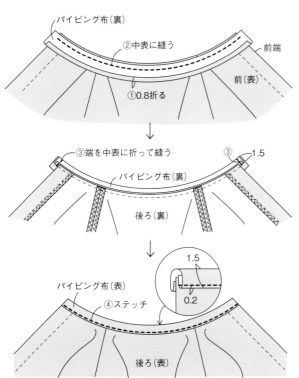

パイピング布(裏)
②中表に縫う
前端
前(表)
①0.8折る
③端を中表に折って縫う　③　1.5
パイピング布(裏)
後ろ(裏)
1.5
パイピング布(表)
④ステッチ
0.2
後ろ(表)

6 脇を縫い、スリットの始末をする

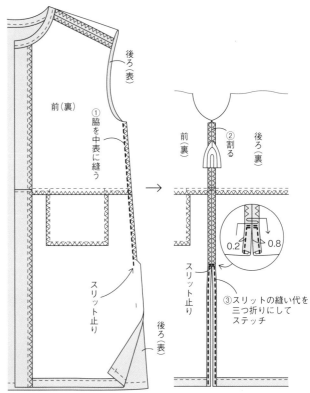

後ろ(表)
前(裏)
①脇を中表に縫う
スリット止り
後ろ(表)

前(裏)
②割る
後ろ(裏)
0.2　0.8
スリット止り
③スリットの縫い代を三つ折りにしてステッチ

59

2g → p.24 ロングロングシャツ

出来上り寸法

S ＝バスト99cm　着丈116cm　袖丈51.7cm
M ＝バスト103cm　着丈117.5cm　袖丈52cm
L ＝バスト107cm　着丈119cm　袖丈52.3cm
2L ＝バスト110cm　着丈120.5cm　袖丈52.6cm
3L ＝バスト115cm　着丈122cm　袖丈52.9cm

パターン(2面)

2前身頃　2後ろ身頃　2後ろヨーク　2スタンドカラー
2ポケット　2シャツ袖　2シャツ袖カフス　2袖口短冊
2袖口持出し

材　料

表布　リヨセル繊維デニム…136cm幅2m90cm
（110cm幅の場合は3m20cm）
接着芯…90cm幅1m20cm　ボタン…直径1.2cm 11個

下準備

スタンドカラー、シャツ袖カフス、袖口短冊、前端縫い代の
裏面に接着芯をはる。

縫い方順序

1　前端を縫う。→p.57
　　ただし裾縫い代は0.8cm幅の三つ折りにする。
2　ポケットを作ってつける。→図
3　後ろのタックをたたむ。→図
4　後ろ身頃と後ろヨークを縫い合わせる。→p.49
　　ただしステッチは0.2cm幅を1本だけかける。
5　肩を縫う。→p.49　ただしステッチは0.2cm幅を1本だけかける。
6　衿を作る。→p.55
7　衿をつける。→p.55
8　袖口に短冊あきを作る。→p.55
9　袖をつける。→p.56
10　袖下～脇を続けて縫う。→図
11　裾の始末をする。→図
12　カフスを作ってつける。→p.51　ただしステッチは0.2cm幅でかける。
13　前中心、カフスにボタンホールを作り、ボタンをつける。
　　前中心のボタンホールは縦穴にする。

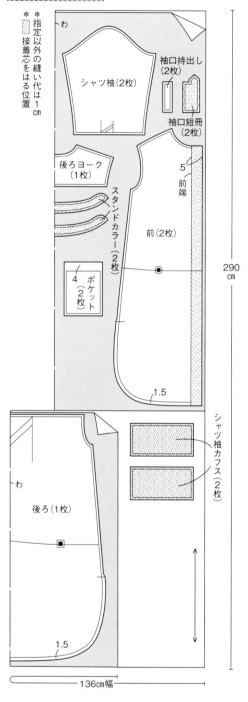

裁合せ図

＊＊指定以外の縫い代は1cm

接着芯をはる位置

わ

シャツ袖(2枚)

袖口持出し
(2枚)

袖口短冊
(2枚)

後ろヨーク
(1枚)

スタンドカラー(2枚)

5
前端

前(2枚)

4 ポケット(2枚)

290cm

1.5

わ

後ろ(1枚)

シャツ袖カフス(2枚)

1.5

136cm幅

2　ポケットを作ってつける

ポケット口　3

①縫っついて代を中表に折って縫う

1

ポケット(表)

ポケット口　↓

③ステッチ

0.2

ポケット
(裏)

②縫い代を折る

前(表)

ポケット
(表)
0.2

④ステッチ

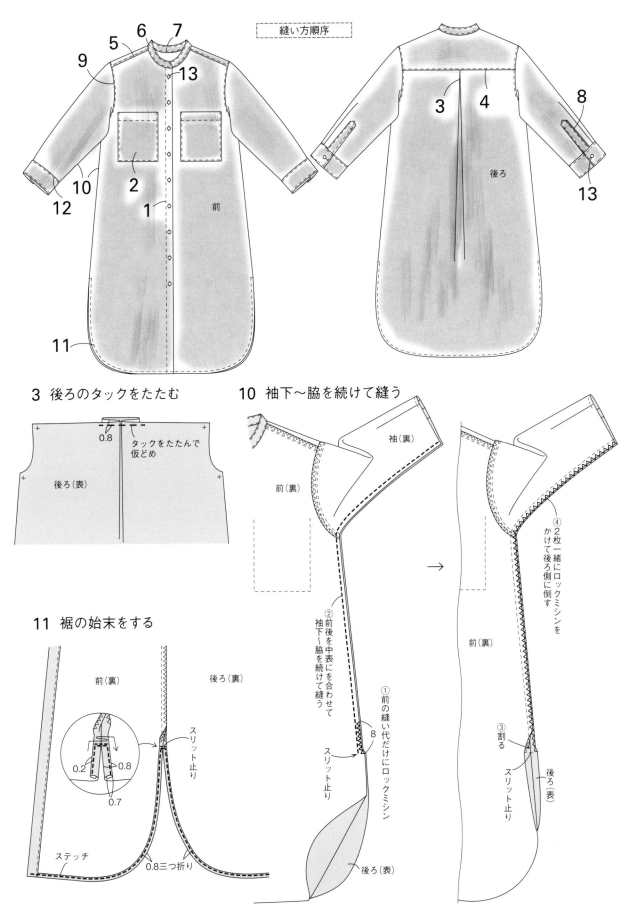

縫い方順序

9
5 6 7
13

10
12
2
1
前

3 4
後ろ
8
13

11

3 後ろのタックをたたむ

0.8
タックをたたんで
仮どめ
後ろ（表）

10 袖下〜脇を続けて縫う

袖（裏）
前（裏）

②前後を中表に合わせて袖下〜脇を続けて縫う

①前の縫い代だけにロックミシン

8

スリット止り

後ろ（表）

④2枚一緒にロックミシンをかけて後ろ側に倒す

前（裏）

③割る

スリット止り

後ろ（表）

11 裾の始末をする

前（裏）
後ろ（裏）

0.2
0.8
0.7

スリット止り

ステッチ

0.8三つ折り

61

→ p.22 しずく形のあきがあるシンプルブラウス

[出来上り寸法]

S ＝バスト99cm　着丈58.5cm　袖丈34.7cm
M ＝バスト103cm　着丈59.5cm　袖丈35cm
L ＝バスト107cm　着丈60.5cm　袖丈35.3cm
2L ＝バスト111cm　着丈61.5cm　袖丈35.6cm
3L ＝バスト115cm　着丈62.5cm　袖丈35.9cm

[パターン（2面）]

2前身頃　2後ろ身頃　2シャツ袖　2前衿ぐり見返し
2後ろ衿ぐり見返し

[材　料]

表布　リネンデニム…140cm幅1m20cm
（110cm幅の場合は2m）
接着芯…30×30cm　ループ…1個
ボタン…直径1.2cm 1個

[下準備]

・各見返しの裏面に接着芯をはる。
・各見返しの外回りにロックミシン
（またはジグザグミシン）をかける。

[裁合せ図]

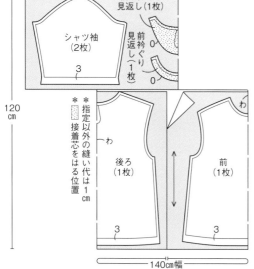

[縫い方順序]

1　肩を縫う。→p.49　ただしステッチはかけない。
2　衿ぐりを縫い、後ろあきを作る。→図
3　袖をつける。→p.56　ただしステッチはかけない。
4　袖下〜脇を続けて縫う。→p.56
5　裾、袖口の始末をする。裾、袖口とも2cm幅の三つ折り
　　にしてステッチをかける。
6　ボタンをつける。ボタンは後ろあきの左上端につける。

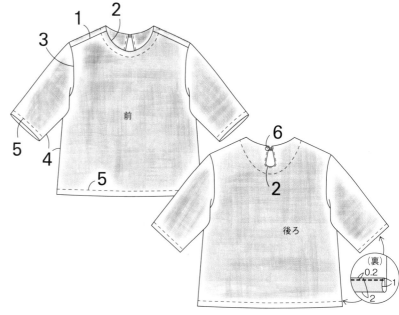

2 衿ぐりを縫い、後ろあきを作る

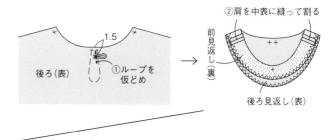

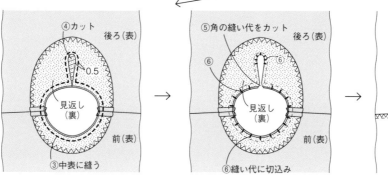

→ p.10　**テーパードパンツ**

［ 出来上り寸法 ］

S ＝ヒップ91cm　パンツ丈81.5cm
M ＝ヒップ95cm　パンツ丈82.5cm
L ＝ヒップ99cm　パンツ丈83.5cm
2L ＝ヒップ103cm　パンツ丈84.5cm
3L ＝ヒップ107cm　パンツ丈85.5cm

［ パターン（3面）］

3前パンツ　3後ろパンツ　3袋布　3後ろポケット　3ウ
エストベルト

［ 材　料 ］

表布　10オンスカラーデニム…110cm幅1m90cm
（145cm幅の場合は1m70cm）
接着テープ…1.2cm幅45cm
ゴムテープ…3cm幅適宜

［ 作り方のポイント ］

地縫いにはポリエステルミシン糸60番（ミシン針11番）を、
ステッチにはポリエステルミシン糸30番（ミシン針16番）
を使い、ステッチは針目をやや粗くします。

［ 下準備 ］

・前パンツのポケット口縫い代の裏面に接着テープをはる。
・股下、股ぐり、後ろパンツの脇の縫い代にロックミシン
（またはジグザグミシン）をかける。

［ 縫い方順序 ］

1　前パンツにポケットを作る。→図
2　後ろポケットを作ってつける。→図
3　脇を縫う。→図
4　股下を縫う。→図
5　股ぐりを縫う。→図
6　ウエストベルトをつける。→図
7　裾の始末をする。→図
8　ゴムテープを通す。ゴムテープの長さは試着をして決
　　め、2cmの縫い代をつけてカットし、ゴムテープの端は
　　2cm重ねて縫いとめる。→図

［ 裁合せ図 ］

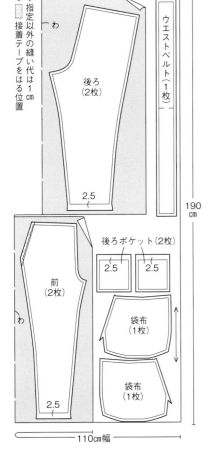

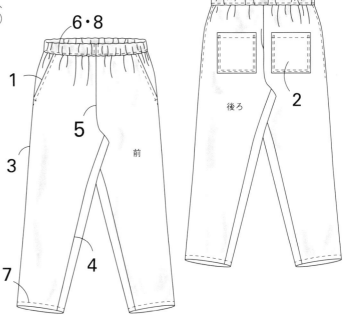

1　前パンツにポケットを作る

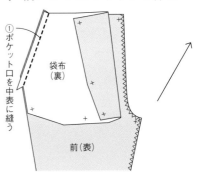

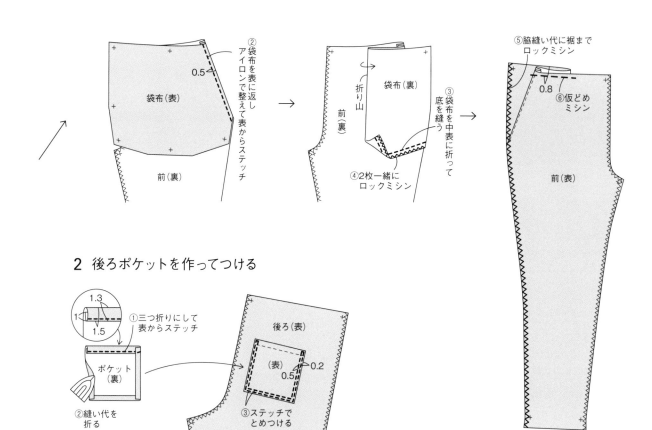

②袋布を表に返し
アイロンで整えて表からステッチ

0.5

袋布(表)

前(裏)

折り山

袋布(裏)

前(裏)

③袋布を中表に折って底を縫う

④2枚一緒にロックミシン

⑤脇縫い代に裾までロックミシン

0.8

⑥仮どめミシン

前(表)

2 後ろポケットを作ってつける

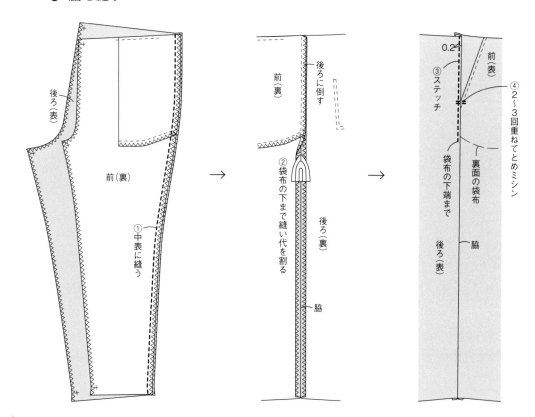

1.3
1
1.5

①三つ折りにして表からステッチ

ポケット(裏)

②縫い代を折る

後ろ(表)

(表) 0.2

0.5

③ステッチでとめつける

3 脇を縫う

後ろ(表)

前(裏)

①中表に縫う

前(裏)

後ろに倒す

②袋布の下まで縫い代を割る

後ろ(裏)

脇

0.2

③ステッチ

前(表)

④2〜3回重ねてとめミシン

袋布の下端まで

裏面の袋布

脇

後ろ(表)

4 股下を縫う

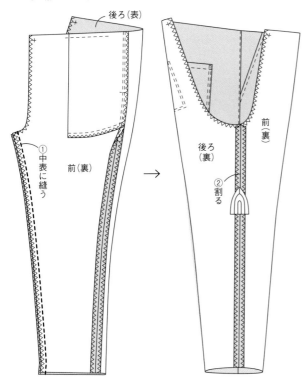

後ろ(表)

①中表に縫う

前(裏)

前(裏)

後ろ(裏)

②割る

5 股ぐりを縫う

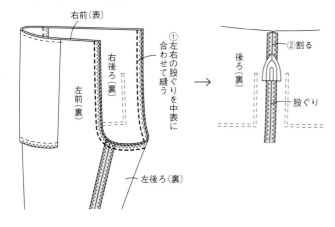

右前(表)

右後ろ(裏)

左前(裏)

左後ろ(裏)

①左右の股ぐりを中表に合わせて縫う

②割る

後ろ(裏)

股ぐり

6 ウエストベルトをつける

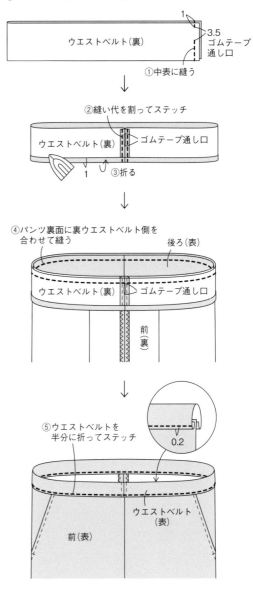

ウエストベルト(裏)

1

3.5 ゴムテープ通し口

①中表に縫う

②縫い代を割ってステッチ

ウエストベルト(裏) ゴムテープ通し口

1

③折る

④パンツ裏面に裏ウエストベルト側を合わせて縫う

後ろ(表)

ウエストベルト(裏) ゴムテープ通し口

前(裏)

⑤ウエストベルトを半分に折ってステッチ

0.2

ウエストベルト(表)

前(表)

7 裾の始末をする

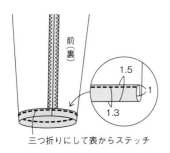

前(裏)

1.5
1
1.3

三つ折りにして表からステッチ

8 ゴムテープを通す

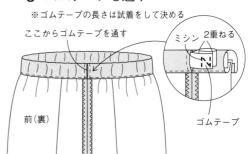

※ゴムテープの長さは試着をして決める

ここからゴムテープを通す

ミシン 2重ねる

前(裏)

ゴムテープ

出来上り寸法

S ＝ヒップ91cm　パンツ丈93.5cm
M ＝ヒップ95cm　パンツ丈94.5cm
L ＝ヒップ99cm　パンツ丈95.5cm
2L ＝ヒップ103cm　パンツ丈96.5cm
3L ＝ヒップ107cm　パンツ丈97.5cm

パターン（3面）

3前パンツ　3後ろパンツ　3袋布　3ウエストベルト

材　料

表布　ソフトカラーデニム…130cm幅S・M1m90cm／L・2L2m／3L2m10cm（110cm幅の場合は2m60cm）
接着テープ…1.2cm幅45cm
ゴムテープ…3cm幅適宜

作り方のポイント

地縫いにはポリエステルミシン糸60番（ミシン針11番）を、ステッチにはポリエステルミシン糸30番（ミシン針16番）を使い、ステッチは針目をやや粗くします。

下準備

・前パンツのポケット口縫い代の裏面に接着テープをはる。
・股下、股ぐり、後ろパンツの脇の縫い代にロックミシン（またはジグザグミシン）をかける。

縫い方順序

1　前パンツにポケットを作る。→p.63
2　脇を縫う。→p.64
3　股下を縫う。→p.65
4　センタープレスをつける。→図
5　股ぐりを縫う。→p.65
6　ウエストベルトをつける。→p.65
7　裾の始末をする。→p.65
8　ゴムテープを通す。ゴムテープの長さは試着をして決め、2cmの縫い代をつけてカットし、ゴムテープの端は2cm重ねて縫いとめる。→p.65

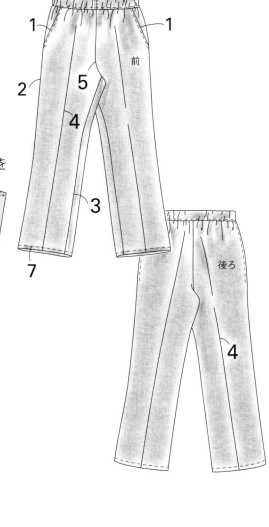

裁合せ図

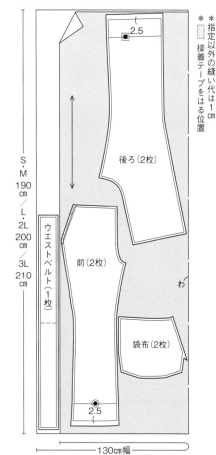

＊＊指定以外の縫い代は1cm
＊接着テープをはる位置

S・M 190cm／L・2L 200cm／3L 210cm

2.5

後ろ（2枚）

ウエストベルト（1枚）

前（2枚）

わ

袋布（2枚）

2.5

130cm幅

4 センタープレスをつける

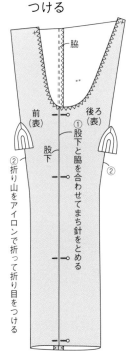

脇
前（表）　後ろ（表）
股下

①股下と脇を合わせてまち針をとめる
②折り山をアイロンで折って折り目をつける

＊市販のプリーツ加工用のプレススプレーを使ってアイロンをかけると折り目がきれいにつく

→ p.27 カーゴパンツ

→ p.27

[出来上り寸法]

S ＝ヒップ95cm　パンツ丈94.5cm
M ＝ヒップ99cm　パンツ丈95.5cm
L ＝ヒップ103cm　パンツ丈96.5cm
2L ＝ヒップ107cm　パンツ丈97.5cm
3L ＝ヒップ111cm　パンツ丈98.5cm

[パターン（3面）]

3前パンツ　3後ろパンツ　3前ポケット　3ウエストベルト

[材　料]

表布　リネンデニム…140cm幅1m90cm
（110cm幅の場合は2m30cm）
ゴムテープ…3cm幅適宜

[作り方のポイント]

地縫いにはポリエステルミシン糸60番（ミシン針11番）を、ステッチにはポリエステルミシン糸30番（ミシン針16番）を使い、ステッチは針目をやや粗くします。

[下準備]

股下、股ぐり、後ろパンツの脇の縫い代にロックミシン（またはジグザグミシン）をかける。

[縫い方順序]

1　前ポケットを作ってつける。→図
2　脇を縫う。→p.64
3　股下を縫う。→p.65
4　股ぐりを縫う。→p.65
5　ウエストベルトをつける。→p.65
6　裾の始末をする。裾縫い代を3cm幅の三つ折りにしてステッチをかける。
7　ゴムテープを通す。ゴムテープの長さは試着をして決め、2cmの縫い代をつけてカットし、ゴムテープの端は2cm重ねて縫いとめる。→p.65

1 前ポケットを作ってつける

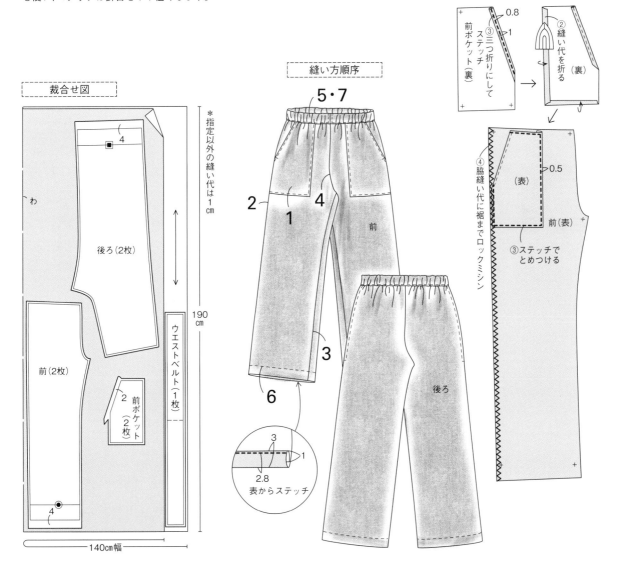

[縫い方順序]

[裁合せ図]

67

→ p.12

出来上り寸法

S ＝ウエスト86cm　ヒップ96cm　股下67.5cm
M ＝ウエスト90cm　ヒップ100cm　股下68.cm
L ＝ウエスト94cm　ヒップ104cm　股下68.5cm
2L ＝ウエスト98cm　ヒップ108cm　股下69cm
3L ＝ウエスト102cm　ヒップ112cm　股下69.5cm

※サイズを選ぶときは、ヒップのヌード寸法がウエストの出来上り寸法以上のサイズを選んでください。

パターン(4面)

4前身頃　4後ろ身頃　4後ろ見返し　4前ポケット　4袋布　4後ろポケット　4肩ひも　4肩ひも通し

材　料

表布　7オンスインディゴデニム…144cm幅S・M2m／L2m10cm／2L・3L2m20cm(110cm幅の場合は2m60cm)
スレキ…60×35cm
Dかん…内径2.2cm 4個

作り方のポイント

地縫いにはポリエステルミシン糸60番(ミシン針11番)を、ステッチにはポリエステルミシン糸30番(ミシン針16番)を使い、ステッチは針目をやや粗くします。

下準備

後ろ見返しの下端にロックミシン(またはジグザグミシン)をかける。

縫い方順序

1 肩ひも、肩ひも通しを作る。→図
2 前身頃にポケットを作る。→図
3 後ろポケットを作ってつける。→図
4 前中心、後ろ中心を縫う。→図
5 前身頃の上端を縫う。→図
6 股下を縫う。→p.43
7 脇を縫う。→図
8 後ろ身頃の上端を縫う。→図
9 裾の始末をする。→図

縫い方順序

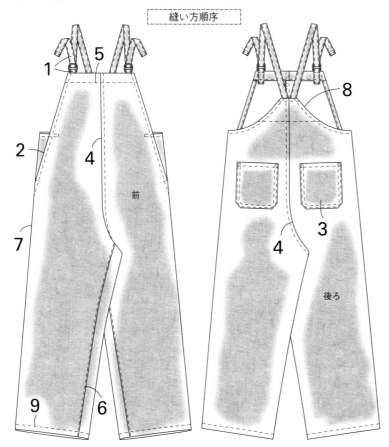

裁合せ図

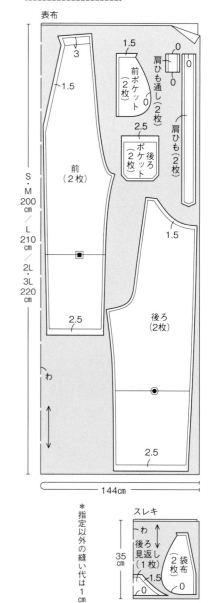

1 ひも、肩ひも通しを作る

〔肩ひも〕

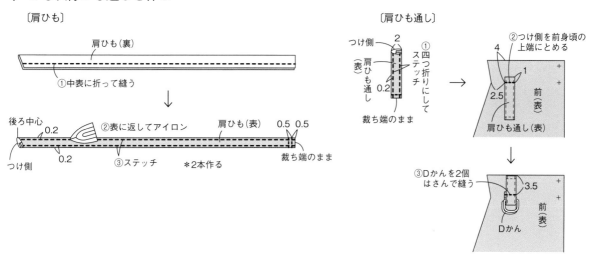

肩ひも（裏）

①中表に折って縫う

後ろ中心
②表に返してアイロン
肩ひも（表）
0.2
0.5 0.5
0.2
つけ側
③ステッチ
＊2本作る
裁ち端のまま

〔肩ひも通し〕

つけ側
2
①四つ折りにしてステッチ
肩ひも通し（表）
0.2
裁ち端のまま

②つけ側を前身頃の上端にとめる
4
1
2.5
前（表）
肩ひも通し（表）

③Dかんを2個はさんで縫う
3.5
前（表）
Dかん

2 前身頃にポケットを作る

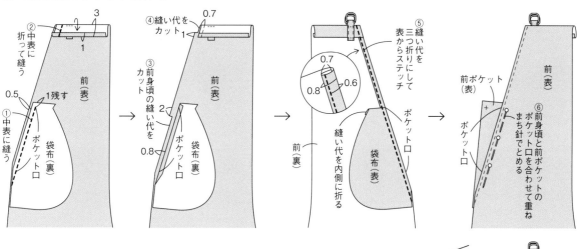

②中表に折って縫う
3
1
①中表に縫う
0.5
1残す
ポケット口
袋布（裏）
前（表）

④縫い代をカット 1
0.7
③前身頃の縫い代をカット
2
0.8
ポケット口
袋布（裏）
前（表）

⑤縫い代を三つ折りにして表からステッチ
0.7
0.8
0.6
縫い代を内側に折る
前（裏）
ポケット口
袋布（表）

⑥前身頃と前ポケットのポケット口を合わせて重ねまち針でとめる
前ポケット（表）
ポケット口
前（表）

前身頃をよける
前（裏）
前ポケット（表）
⑦0.5外回りを縫う
袋布（裏）
⑧2枚一緒にロックミシン

前ポケット（表）
前（表）
0.5
⑨仮どめミシン

3 後ろポケットを作ってつける

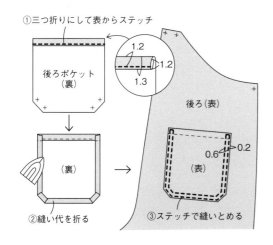

①三つ折りにして表からステッチ
後ろポケット（裏）
1.2
1.2
1.3

（裏）
②縫い代を折る

後ろ（表）
0.6 0.2
（表）
③ステッチで縫いとめる

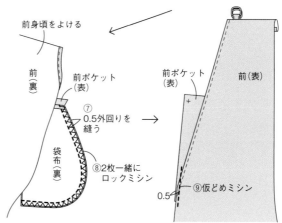

4 前中心、後ろ中心を縫う

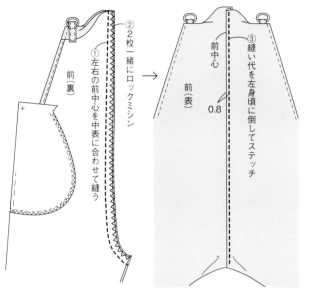

② 2枚一緒にロックミシン

① 左右の前中心を中表に合わせて縫う

前（裏）

前中心

③ 縫い代を左身頃に倒してステッチ

前（表）

0.8

※ 後ろ中心も同様に縫う

5 前身頃の上端を縫う

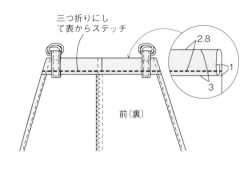

三つ折りにして表からステッチ

前（裏）

2.8
1
3

7 脇を縫う

8 後ろ身頃の上端を縫う

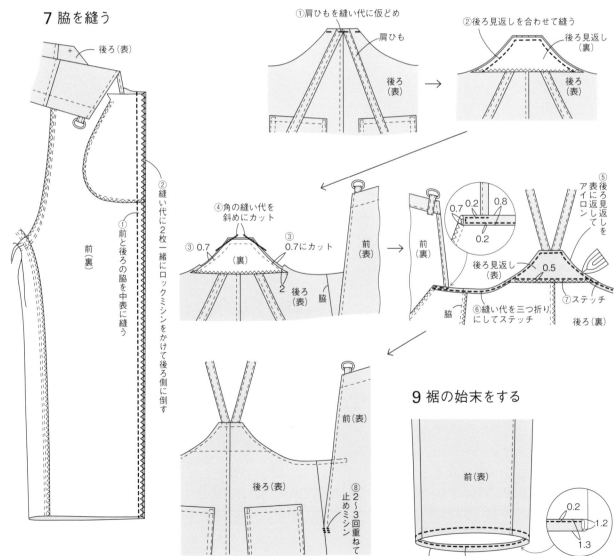

後ろ（表）

① 前と後ろの脇を中表に縫う

② 縫い代に2枚一緒にロックミシンをかけて後ろ側に倒す

前（裏）

①肩ひもを縫い代に仮どめ

肩ひも

②後ろ見返しを合わせて縫う

後ろ見返し（裏）

後ろ（表）

④角の縫い代を斜めにカット

③ 0.7

③ 0.7にカット

（裏）

2

後ろ（表）

脇

前（表）

前（裏）

0.7　0.2　0.8

0.2

後ろ見返し（表）

⑤後ろ見返しを表に返してアイロン

0.5

脇

⑥縫い代を三つ折りにしてステッチ

⑦ステッチ

後ろ（裏）

前（表）

後ろ（表）

⑧ 2〜3回重ねて止めミシン

9 裾の始末をする

前（表）

0.2
1.2
1.3

裾

縫い代を三つ折りにしてステッチ

→ p.30 **ジャンパースカート**

→ p.30

出来上り寸法

S ＝ウエスト86cm　ヒップ96cm　前中心の丈112cm
M ＝ウエスト90cm　ヒップ100cm　前中心の丈113cm
L ＝ウエスト94cm　ヒップ104cm　前中心の丈114cm
2L ＝ウエスト98cm　ヒップ108cm　前中心の丈115cm
3L ＝ウエスト102cm　ヒップ112cm　前中心の丈116cm

※サイズを選ぶときは、ヒップのヌード寸法がウエストの出来上り寸法以上のサイズを選んでください。

パターン(4面)

4前身頃　4後ろ身頃　4後ろ見返し　4前ポケット　4袋布
4後ろポケット　4肩ひも　4肩ひも通し

材料

表布　10オンスカラーデニム…112cm幅S・M1m80cm／
L・2L1m90cm／3L2m(145cm幅の場合は1m60cm)
スレキ…60×35cm
Dかん…内径2.2cm 4個

作り方のポイント

地縫いにはポリエステルミシン糸60番(ミシン針11番)を、ステッチにはポリエステルミシン糸30番(ミシン針16番)を使い、ステッチは針目をやや粗くします。

下準備

前中心と後ろ中心と裾の縫い代、後ろ見返しの下端にロックミシン(またはジグザグミシン)をかける。

縫い方順序

1 肩ひも、肩ひも通しを作る。→p.69
2 前身頃にポケットを作る。→p.69
3 後ろポケットを作ってつける。→p.69
4 脇を縫う。→p.70
5 裾の始末をする。→図
6 前中心、後ろ中心を縫う。→p.73
　後ろ中心も同様に縫う。
7 前身頃の上端を縫う。→p.70
8 後ろ身頃の上端を縫う。→p.70

裁合せ図

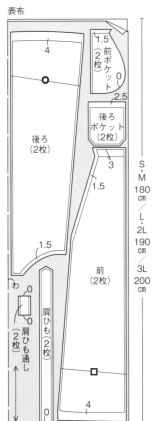

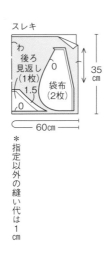

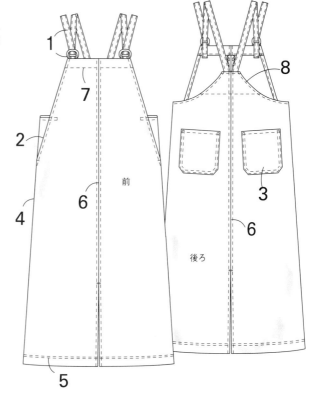

5 裾の始末をする

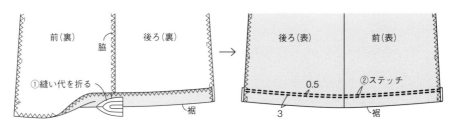

4b

→ p.28　ラップスタイルのエプロン

[出来上り寸法]

S ＝ウエスト96cm　前中心の丈112cm
M ＝ウエスト100cm　前中心の丈113cm
L ＝ウエスト104cm　前中心の丈114cm
2L＝ウエスト108cm　前中心の丈115cm
3L＝ウエスト112cm　前中心の丈116cm

[パターン(4面)]

4前身頃　4後ろスカート　4前ポケット
※ひもは裁ち方図に示した寸法で直接布を裁つ。

[材　料]

表布　5.5オンスインディゴデニム…138cm幅2m10cm
（110cm幅の場合は2m20cm）

[作り方のポイント]

地縫いにはポリエステルミシン糸60番（ミシン針11番）を、
ステッチにはポリエステルミシン糸30番（ミシン針16番）
を使い、ステッチは針目をやや粗くします。

[下準備]

前中心の縫い代、前ポケットの外回りにロックミシン（また
はジグザグミシン）をかける。

[縫い方順序]

1　ひもを作る。→図
2　前身頃にポケットを作る。→図
3　脇を縫う。→p.70　ただし縫い代を後ろ側に倒した後、
　　縫い目の際の後ろ側にステッチをかける。
4　後ろスカートの上端を始末する。→図
5　裾の始末をする。→図
6　後ろ端の始末をしてひもをつける。→図
7　前中心を縫う。→図
8　前身頃の上端を縫い、ひもをつける。→図

[裁合せ図]

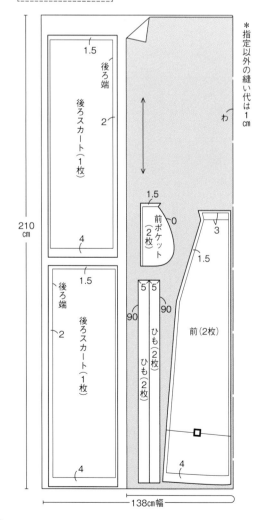

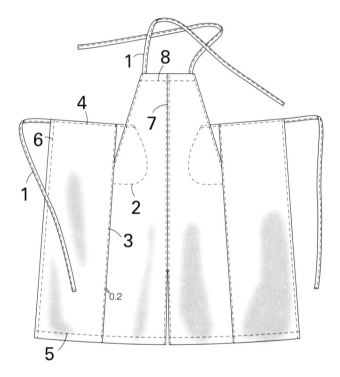

1 ひもを作る

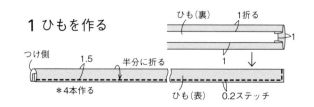

72

2 前身頃にポケットを作る

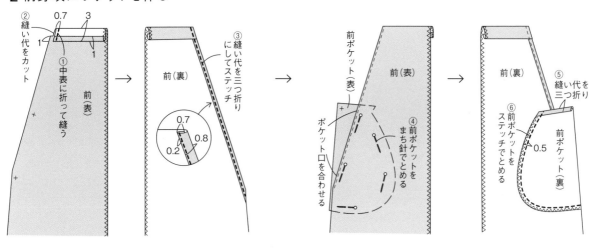

4 後ろスカートの上端を始末する

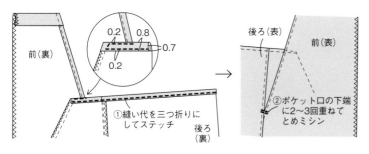

5 裾の始末をする
6 後ろ端の始末をしてひもをつける

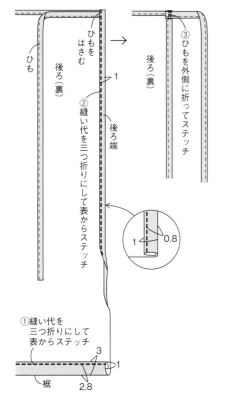

8 前身頃の上端を縫い、ひもをつける

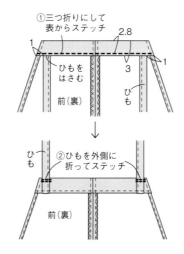

7 前中心を縫う

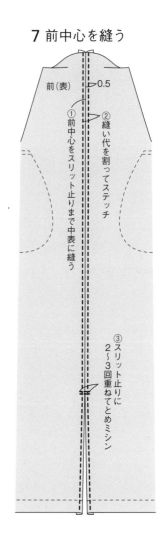

出来上り寸法

S ＝ヒップ90cm　スカート丈86cm
M ＝ヒップ94cm　スカート丈86.5cm
L ＝ヒップ98cm　スカート丈87cm
2L＝ヒップ102cm　スカート丈87.5cm
3L＝ヒップ109cm　スカート丈88cm

パターン（3面）

5前スカート　5後ろスカート　5前ウエストベルト　5後ろウエストベルト　5ポケット

材料

表布　10オンスカラーデニムインディゴ…112cm幅2m
（145cm幅の場合は1m30cm）
接着テープ…1.5cm幅50cm
テープ（ポケットの飾り用）…2.5cm幅4cm
ファスナー…長さ20cm 1本
ゴムテープ…3.5cm幅40〜45cm
かぎホック（ダブルピンタイプ）…1組み

作り方のポイント

・ポケットはポケット口に布の耳をそのまま使います。
・地縫いにはポリエステルミシン糸60番（ミシン針11番）を、ステッチにはポリエステルミシン糸30番（ミシン針16番）を使い、ステッチは針目をやや粗くします。

裁合せ図

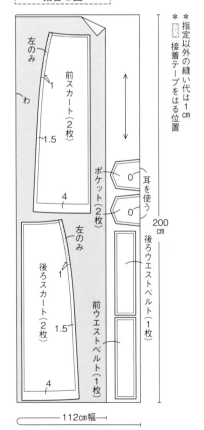

下準備

・前スカート、後ろスカートとも左脇ファスナーつけ位置の縫い代裏面に、接着テープをはる。
・前中心、後ろ中心、脇、裾、前と後ろのウエストベルトの裏ウエストベルト側の縫い代にロックミシン（またはジグザグミシン）をかける。

縫い方順序

1　ポケットを作ってつける。→図
2　前中心、後ろ中心を縫う。→図
3　左脇を縫ってファスナーをつける。→図
4　右脇を縫う。→図
5　裾の始末をする。→図
6　前中心、後ろ中心にステッチをかける。→図
7　ウエストベルトをつけ、ゴムテープを入れる。→図
　　ゴムテープの長さは試着をして決める。
8　左脇にかぎホックをつける。→図

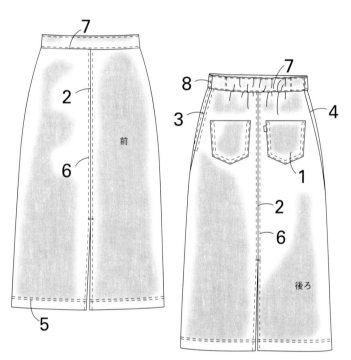

1　ポケットを作ってつける

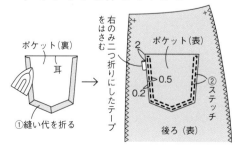

2 前中心、後ろ中心を縫う

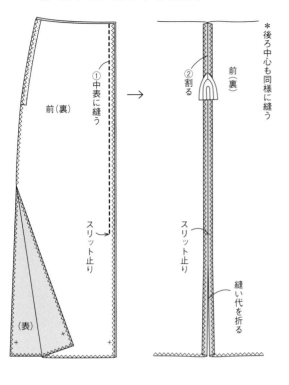

① 中表に縫う
前（裏）
スリット止り
（表）

→

② 割る
前（裏）
スリット止り
縫い代を折る

＊後ろ中心も同様に縫う

3 左脇を縫ってファスナーをつける

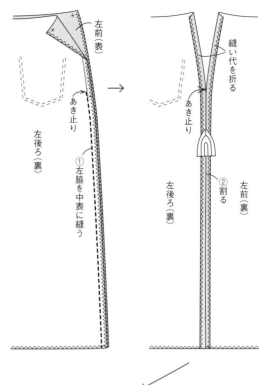

左前（表）
あき止り
① 左脇を中表に縫う
左後ろ（裏）

→

縫い代を折る
あき止り
② 割る
左前（裏）
左後ろ（裏）

③ファスナーつけミシンをかける。
ミシンの押え金はファスナー押えを使う

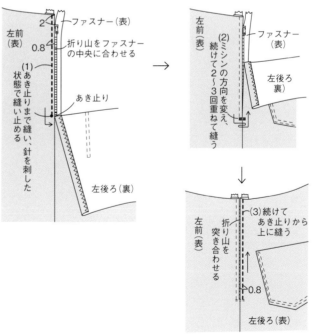

左前（表）
2
0.8
ファスナー（表）
折り山をファスナーの中央に合わせる
あき止り
(1)あき止りまで縫い、針を刺した状態で縫い止める
左後ろ（裏）

→

左前（表）
ファスナー（表）
(2)続けてミシンの方向を変え、2〜3回重ねて縫う
左後ろ（裏）

↓

左前（表）
(3)続けてあき止りから上に縫う
折り山を突き合わせる
0.8
左後ろ（表）

4 右脇を縫う

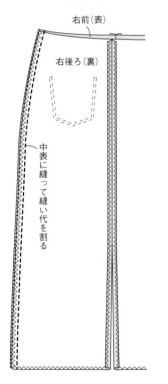

右前（表）
右後ろ（裏）
中表に縫って縫い代を割る

5 裾の始末をする

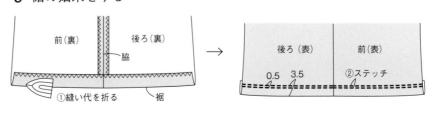

前（裏）
後ろ（裏）
脇
①縫い代を折る
裾

→

後ろ（表）
前（表）
0.5 3.5
②ステッチ

6 前中心、後ろ中心に ステッチをかける

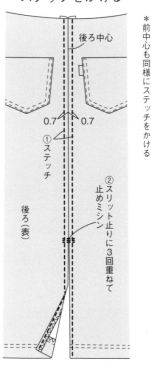

*前中心も同様にステッチをかける

後ろ中心

0.7　0.7

①ステッチ

後ろ（表）

②スリット止めミシン

②スリット止まりに3回重ねて

8 左脇にかぎホックをつける

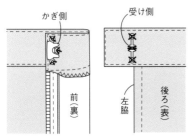

かぎ側

受け側

前（裏）

左脇

後ろ（表）

7 ウエストベルトをつけ、ゴムテープを入れる

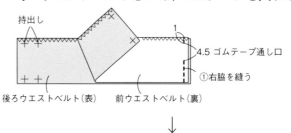

持出し

1

4.5 ゴムテープ通し口

①右脇を縫う

後ろウエストベルト（表）　前ウエストベルト（裏）

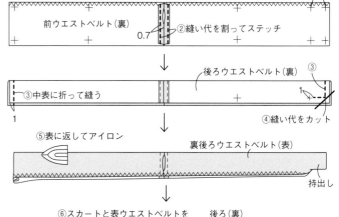

前ウエストベルト（裏）

0.7

②縫い代を割ってステッチ

持出し

後ろウエストベルト（裏）　③

③中表に折って縫う

1

1

④縫い代をカット

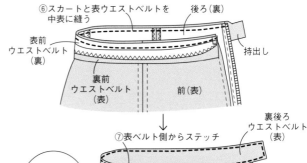

⑤表に返してアイロン

裏後ろウエストベルト（表）

持出し

⑥スカートと表ウエストベルトを
中表に縫う

後ろ（裏）

表前
ウエストベルト
（裏）

裏前
ウエストベルト
（表）

前（表）

持出し

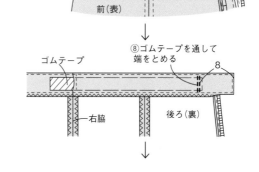

⑦表ベルト側からステッチ

裏後ろ
ウエストベルト
（表）

0.2

表前
ウエストベルト
（表）

前（表）

⑧ゴムテープを通して
端をとめる

ゴムテープ

8

右脇　後ろ（裏）

⑩余分なゴムテープを
カットする

⑨試着をしてゴムテープの
長さを決めて
ゴムテープをとめる

4

後ろ（裏）

⑪ゴムテープ通し口をまつる

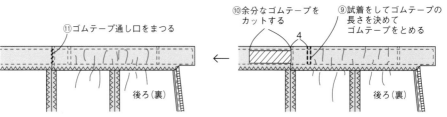

後ろ（裏）

→ p.32 **マーメードスカート**

出来上り寸法

S ＝ヒップ90cm　スカート丈88.5cm
M ＝ヒップ94cm　スカート丈89cm
L ＝ヒップ98cm　スカート丈89.5cm
2L ＝ヒップ102cm　スカート丈90cm
3L ＝ヒップ106cm　スカート丈90.5cm

パターン（3面）

5前スカート　5後ろスカート　5前ウエストベルト　5後ろウエストベルト

材料

表布　10オンスカラーデニム…112cm幅2m
（145cm幅の場合は1m50cm）
接着テープ…1.5cm幅50cm　ファスナー…長さ20cm 1本
ゴムテープ…3.5cm幅40〜45cm
かぎホック（ダブルピンタイプ）…1組み

作り方のポイント

地縫いにはポリエステルミシン糸60番（ミシン針11番）を、ステッチにはポリエステルミシン糸30番（ミシン針16番）を使い、ステッチは針目をやや粗くします。

下準備

・前スカート、後ろスカートとも左脇ファスナーつけ位置の縫い代裏面に、接着テープをはる。
・前中心、後ろ中心、脇、裾、前と後ろのウエストベルトの裏ウエストベルト側の縫い代にロックミシン（またはジグザグミシン）をかける。

縫い方順序

1 前中心、後ろ中心を縫う。→図
2 左脇を縫い、ファスナーをつける。→p.75
3 右脇を縫い、縫い代を割る。
4 裾の始末をする。→図
5 ウエストベルトをつけ、ゴムテープを入れる。→p.76　ゴムテープの長さは試着をして決める。
6 ウエストベルトの左脇にかぎホックをつける。→p.76

裁合せ図

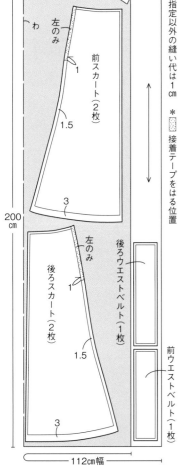

1 前中心、後ろ中心を縫う

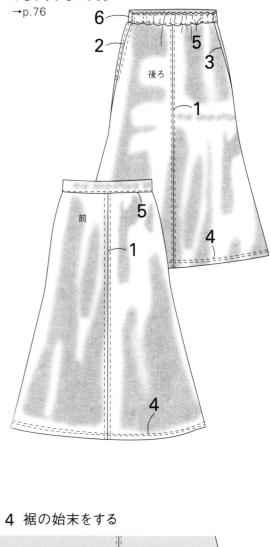

4 裾の始末をする

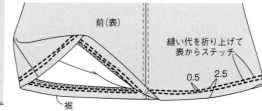

5c

→ p.33 10パーツのギャザースカート

パターン（4面）

5c10パーツのスカート　5c10パーツのスカートウエストベルト

材　料

表布　ツインカラーデニム…110cm幅S・M3m／L～3L
3m10cm（145cm幅の場合は2m70cm）
ゴムテープ…2.5cm幅適宜

作り方のポイント

地縫い、ステッチともポリエステルミシン糸60番（ミシン針
11番）を使うが、ステッチは配色のいい色の糸（作品は白）を
使用する。

縫い方順序

1　10枚のパーツを縫い合わせる。→図
2　裾の始末をする。→図
3　ウエストベルトをつける。→p.65
4　ウエストベルトにゴムテープを通す。ゴムテープの長
　　さは試着をして決め、2cmの縫い代を加えた長さでカ
　　ットし、ウエストベルトに通したゴムテープの端は、2
　　cm重ねて縫いとめる。→p.65

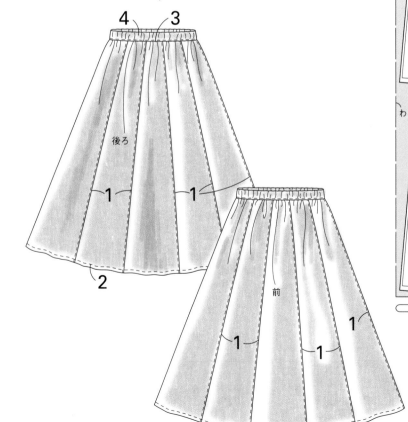

裁合せ図

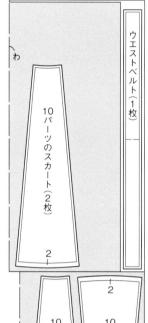

＊指定以外の縫い代は1cm

ウエストベルト（1枚）

わ

10パーツのスカート（2枚）

2

S・M 300cm／L～3L 300cm

10パーツのスカート（2枚）

10パーツのスカート（2枚）

2

2

わ

10パーツのスカート（2枚）

10パーツのスカート（2枚）

2

2

110cm幅

1 10枚のパーツを縫い合わせる

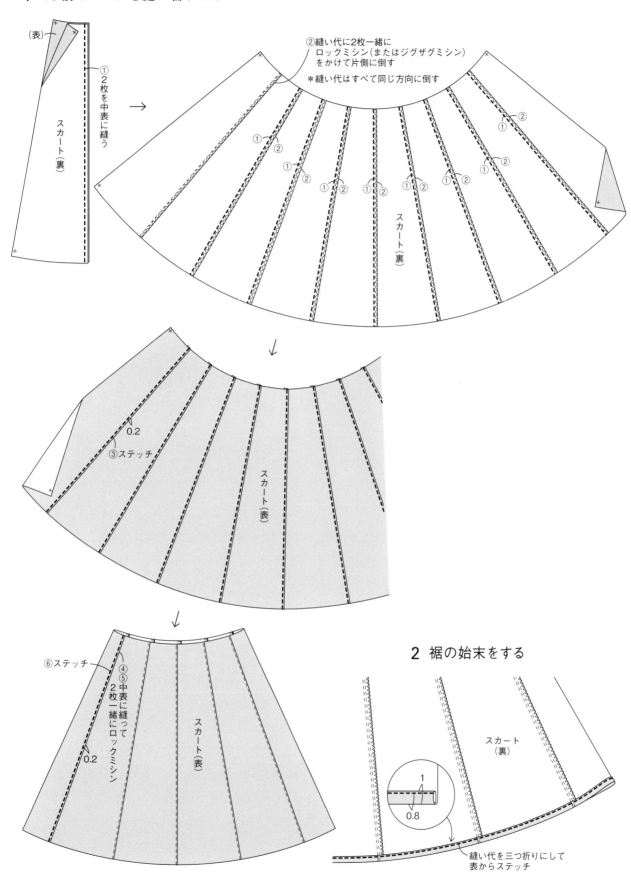

（表）

①2枚を中表に縫う

スカート（裏）

②縫い代に2枚一緒に
ロックミシン（またはジグザグミシン）
をかけて片側に倒す

＊縫い代はすべて同じ方向に倒す

① ②
① ②
① ②
① ②
② ② ①
② ① ②
① ② ① ② ① ②

スカート（裏）

0.2
③ステッチ

スカート（表）

⑥ステッチ
④⑤中表に縫って
2枚一緒にロックミシン

0.2

スカート（表）

2 裾の始末をする

スカート
（裏）

1

0.8

縫い代を三つ折りにして
表からステッチ

香田あおい（こうだあおい）
京都市生れ。京都市在住。
アパレルメーカー（デザイン・パターン）勤務を経てフリーランスに。洋服、バッグ、生活雑貨などをリネン素材中心に作るソーイング教室「LaLa Sewing été」を主宰。アパレルの合理的な縫製技術と独自のアイディアにより、簡単で楽しいソーイングを伝授している。2023年春にソーイング教室にファブリックなどのショップ、イベントスペースなどを併設している「LaLa Sewing été」を、京都・下鴨神社にほど近い閑静な住宅地にニューオープン。また、オンラインでのレッスンやショップも好評運営中。著書は『パターンアレンジで21のデザイン』（文化出版局）など多数。

ブックデザイン	葉田いづみ
撮影	有賀 傑
スタイリング	轟木節子
ヘア＆メークアップ	成田祥子
モデル	横田美憧
作品製作協力	宮崎敦子　大崎由美
	中西直美　佐々良子
パターン協力	ツー

作り方編集	百目鬼尚子
デジタルトレース	伊坂桃子
パターングレーディング	上野和博
パターン配置	近藤博子
校閲	向井雅子
編集	宮崎由紀子
	大沢洋子（文化出版局）

Ladyなデニム

2023年5月6日　第1刷発行
2023年12月15日　第2刷発行
著　者　　香田あおい
発行者　　清木孝悦
発行所　　学校法人文化学園 文化出版局
　　　　　〒151-8524
　　　　　東京都渋谷区代々木3-22-1
　　　　　tel.03-3299-2489（編集）
　　　　　　　03-3299-2540（営業）
印刷・製本所　　株式会社文化カラー印刷

文化出版局のホームページ
https://books.bunka.ac.jp/

布地、材料提供

コッカ　tel.06-6201-2571
作品：1c、3a、4c、5a、5b

Faux & Cachet Ink.　tel. 06-6629-8218
https://www.fauxandcachetinc.com/
作品：2e

LaLa Sewing été　tel.075-606-5691
http://www.lalasewing.com/
作品：1a、1b、2a、2b、2c、2d、2f、2g、3b、3c、4a、4b、5c、レギュラーサイズバッグ、スモールサイズバッグ

清原　tel.06-6252-4735
http://www.kiyohara.co.jp/store
作品：1a・p.5（カシメ）、2d（ドットボタン）

スタイリング協力

KMDファーム　tel.03-5458-1791
Hériter
p.5（ピンタックブラウス）2a（レースプルオーバー）4c（ギャザーブラウス）

ラ・ヴィア・ラ・カンパーニュ　tel.03-6412-7350
THE FACTORY
1b（ストライプシャツ）2a、2e（ワイドパンツ）

アクタス　https://www.actus-interior.com/eauk
eauk
1c（ドルマンスリーブシャツ）2b（ハイネックシャツ）5b（バンドカラーシャツ）

アデュー トリステス　tel.03-6861-7658
ADIEU TRISTESSE
2a、3b（パールネックレス）

ロワズィール　tel.03-6861-7658
LOISIR
2b、2d・p.21（タックパンツ）2c（ストラップシューズ）3a（ストライプブラウス）3c（リバティプリントのブラウス 花のブローチ）4c（バングル）

SUI　Email：sui.lab.shoes@gmail.com
SUI
2d・p.21、3a（バレエシューズ）2b、3c（バレエシューズ）2g・p.25（バレエシューズ）

コンティニュエ　tel.03-3792-8978
MASAHIRO MARUYAMA
2d・p.20（眼鏡）
OG×OLIVER GOLDSMITH
2e（眼鏡）

フルーツ オブ ライフ　tel.03-6452-6061
fruits of life×que
2g・p.24（ミュール）5b（ミュール）
fruits of life
2g・p.24（ドットブラウス ワイドパンツ）

que　https://www.instagram.com/que_shoes
que
3b（レースアップシューズ）4b（スリッポン）

デイズ　https://days-store.com
-M-［medium］
4a（スタンドカラーシャツ）

シリ シリ　tel.03-6821-7771
HOBO SIRI SIRI
1a、2d・p.21、2g・p.24、5b、5c（パールイアリング）
SIRI SIRI
2b（蝶鈿イアリング）2e（ロングネックレス）2f（ガラスチェーンイアリング）5c（スカーフ）

※表記のないアイテムは、スタイリスト私物です。